魅力新疆 系列丛书

U0772541

往事新疆

田卫疆 编著

五洲传播出版社

图书在版编目（CIP）数据

往事新疆 / 田卫疆编著. — 北京：五洲传播出版社，2013.6
（魅力新疆）
ISBN 978-7-5085-2522-8

Ⅰ.①往… Ⅱ.①田… Ⅲ.①新疆－地方史 Ⅳ.①K294.5

中国版本图书馆CIP数据核字(2013)第099145号

往事新疆

编　　著：田卫疆

审　　读：艾力提·沙力也夫

图片提供：新疆维吾尔自治区新闻办公室　田卫疆

责任编辑：宋博雅　张彩芸

封面设计：丰饶文化传播有限责任公司

内文设计：北京优品地带文化发展有限公司

出版发行：五洲传播出版社

社　　址：北京市北三环中路31号生产力大楼B座7层

电　　话：0086-10-82007837（发行部）

邮　　编：100088

网　　址：http://www.cicc.org.cn　http://www.thatsbooks.com

印　　刷：北京光之彩印刷有限公司

字　　数：80千字

图　　数：140幅

开　　本：710毫米×1000毫米　1/16

印　　张：11.75

印　　数：1—3000

版　　次：2014年8月第1版第1次印刷

定　　价：48.00元

（如有印刷、装订错误，请寄本社发行部调换）

出版前言

　　新疆维吾尔自治区（简称新疆）地处中国西北边陲，面积166.49万平方公里，占中国国土面积的1/6，陆地边境线5600多公里，周边与蒙古、俄罗斯、哈萨克斯坦、吉尔吉斯斯坦、塔吉克斯坦、阿富汗、巴基斯坦和印度8个国家接壤，是古丝绸之路的重要通道。

　　新疆有长达数千年的文明史，自古以来就是一个多民族聚居和多宗教并存的地区。从西汉时期（公元前206年至公元25年）开始，它成为中国统一的多民族国家不可分割的重要组成部分。

　　新疆是中国5个少数民族自治区之一，现有55个民族成分，主要包括维吾尔、汉、哈萨克、回、柯尔克孜、蒙古、塔吉克、锡伯、满、乌孜别克、俄罗斯、达斡尔、塔塔尔等。2013年末，新疆总人口约为2264.30万人，其中少数民族人口约占61%。

　　新疆有数不清的名胜古迹，有充满传奇色彩的历史故事，有灿烂的民族文化、浓郁的民族风情、多元的宗教信仰；这里地处欧亚大陆腹地，有独特的自然条件，地形多种多样，风光雄浑壮美；这里物产丰饶，有丰富的矿产资源，牛羊成群，粮棉遍野，瓜果四季飘香……新疆是个散发着神奇魅力的地方！

　　为了让国内外的广大读者了解一个立体的、鲜活的、开放的新疆，我们编辑出版了这套"魅力新疆"丛书。本丛书共10册，分别介绍新疆10个方面的基本情况。希望本丛书能带您展开一段"魅力新疆"之旅。

2014 年 8 月

目 录

1

文 明 的 曙 色

新疆维吾尔自治区地处中国西北边疆，一直都是中西方之间经济文化交流的陆上交通要道。特殊的地理和自然环境因素，使新疆很早以前就成为人类活动和居住的重要区域，不断出现的史前考古文物提供了足够的实物证明，新疆史前文化呈现出独有的区域特点。

"三山夹两盆"及其环境

如果说历史的人文内容需要一个合适的舞台来展示，那么地理环境应该就是这样一个大舞台，舞台布局某种程度上决定着演艺的内容与效果。一位中国知名的地理学家曾说过，"什么样的舞台就决定着什么样的剧种"，所以，深刻认识新疆的历史不能不了解该地的地理和环境状况。

新疆维吾尔自治区位于中国西部，地处亚欧大陆腹地，是中国境内距离海洋最远的省区，干旱少雨是它的基本自然特点。但是，地质时期的新疆却与之相反，数亿年之前，也就是从距今 25 亿年的震旦纪到距今 1.95 亿年的早侏罗纪，新疆是一片碧波万顷的汪洋大海。这种状况一直延续到距今 6700 万年的第三纪，新疆在经历了反复的海陆交替之后，至早第三纪末，在喜马拉雅山早期造山运动影响下，海水才退出新疆全境。在距今 1200 万年的上新世末以来，随着天山、阿尔泰山和昆仑山的强烈隆起，南、北两大封闭盆地形成，从而构成今日新疆的基本地貌轮廓，即通称的"三山夹两盆"。"三山"指新疆境内从北到南排列分布的阿尔泰山、天山和昆仑山诸山系，"两盆"指分别夹在三座山脉之间的准噶尔盆地和塔里木盆地。在三山夹两盆的西端，矗立着高耸入云的帕米尔高原，它如同一条彩带，蜿蜒曲折地由北至南呈斜状将阿尔泰山、天山和昆仑山诸山系联结在一起。

三山夹两盆的地理地貌特点对新疆特殊的自然环境，以及别具一格的社会经济形态的形成具有十分重要的作用。三面高山环绕，大体

乌鲁木齐南山板房沟大峡谷

上使新疆形成一个天然的封闭地理单元。除了阿尔泰山之西的准噶尔盆地以西有山地缺口，北冰洋和大西洋的冷湿气流多少可以进入这里，从而带来水汽形成降雨，气候较为湿润外，大部分地域则因为高山相隔，来自海洋的东亚季风、西南季风等湿润气流很难到达，从而使新疆成为中国最为特殊的内陆干旱区。不过，与没有高山、冰川和绿洲的非洲撒哈拉沙漠或澳洲的荒漠地带截然不同的是，新疆周边诸群山巍岭中分布的星罗棋布的冰川河流，常年不断地将大量冰雪融水注入两大盆地，进而在干旱荒漠中形成了生机盎然的片片绿洲和草原，给生物和人类的生存提供了基本条件，从而使该地区成为人类文明的发祥地之一。

在这个封闭的地理单元内部，巍峨的天山从东到西横亘在新疆中部，准噶尔和塔里木两大盆地分列南北两端，这一地貌特点使新疆南

新疆天池

北气候差异显著，北疆年降水比南疆丰富许多，而南疆冬季则比北疆暖和。这种特殊的地理因素所构成的自然环境，不仅形成历史上北疆地区以畜牧业为主、南疆则以农耕为主的经济结构，而且还构成两地区居民迥然相异的生产生活方式，甚至影响着人们的文化模式和思想观念。魏晋南北朝时期，一位名叫宋云的中原佛僧途经新疆前往印度取经，在路过帕米尔高原的揭盘陀国（今塔什库尔干）时，宋云与当地居民聊起两地间的自然风光和人文差异，无意间说到中原地区的农民主要是依靠天上降雨来安排自己的农活，即刻引起当地居民的讥笑，他们说，人们怎能倚赖天降雨水进行耕作？宋云感到万分诧异。这就是生存状况不同所导致的文化观念上的差异。祖祖辈辈聚居生活在帕米尔高原上的人们一直是依赖冰雪融化的河水来灌溉土地，而中原内地的农民则主要靠天上降雨来从事农业生产。新疆由于受地理环境和气候的影响，成为中国距离海洋最远的内陆干旱地区，倚赖高山融雪融冰灌溉的绿洲是新疆各族人民生活的热土家园。

值得提及的是，新疆境内南、北以及西面皆山脉环绕，唯东部无高山相阻，有坦途同中原地区相通。这一地形特点使新疆同外界的交往联系自有史以来就存在着天然的东倾性，它对于密切新疆同内地之间的关系，保障秦汉以后新疆成为中国统一的多民族国家的组成部分起到了十分关键的作用。在人类形成和发展的漫长历史过程中，地理条件和自然环境因素无疑具有十分重要的作用。旷原沙海、高山透岭以及极度干旱少雨的气候环境给新疆的社会发展带来了许多不利因素，但是同时又给人类的生存创造了很多有利条件。例如，在漫长的历史长河中，尤其是中国海上交通大规模畅行之前，从中原通往西方各地的陆上通道，亦即闻名于世的"丝绸之路"就是行经新疆通往西方各地的，新疆大地的沙漠和绿洲充任着重要的交通枢纽。新疆各族人民在社会实践过程中创造了许多形式多样的物质文明和精神文明成果，为中华文明宝库增光添彩。

正是在这些自然环境及其导致的人文特殊条件的作用下，新疆才

天山神秘大峡谷（库车境内）

演绎出新疆一幅幅丰富多彩、令人荡气回肠的历史画面。

从"和什托洛盖"的石头谈起

考古学上将人类最初的历史称作"石器时代"。石器时代作为原始社会的标志，大致是指距今二三百万年至公元前第三千年，它又分为旧、中、新三个时期。新疆地区已经发现属于旧石器时代晚期的文物，它们就是今新疆境内和布克赛尔县和什托洛盖骆驼石遗址。因此，了解史前时期的新疆历史面貌，就不能不从和什托洛盖的石头谈起。

2004年，中外考古工作者在和什托洛盖骆驼石遗址考察时，一座高台两侧地表散布的打制石器引起了大家的注意，经过仔细辨认，发现这片散布着打制石器的区域，分布面积竟达20平方公里。地面采集的石器制品有砍砸器、刮削器、薄刃斧和手镐，其中一种在欧洲流行的名为勒瓦娄哇的石片和长而规范的石叶，具有旧石器时代中、晚期的鲜明特征，与宁夏水洞沟遗址采集的石制品显示出同样的风貌。该遗址因为附近一处形似骆驼的雅丹地貌较为醒目，故被人们称之为"骆驼石"旧石器遗址。这是新疆迄今发现的一处最古老的人类活动地点。

在吐鲁番市交河故城沟西台地15米左右深处，考古工作者也采集到一件石镐和一件石片，其形制类同于和什托洛盖骆驼石旧石器时代遗址的石器。另外，在塔什库尔干河谷的吉日尕勒，人们发现人工用火遗迹和打制石器。从各地陆续发现的旧石器时代遗物的特征分析，至迟在距今约一万年以前的旧石器时代晚期，新疆地区已经有人类活动的迹象，早期新疆北部人群主要从事狩猎采集活动。

新疆的新石器时代，当地人们普遍使用一种间接打击法产生的石器，如石镞、石刀、雕刻器等，因为所见石器遗物多形状细小，其中的细石叶很具代表性，故称"细石器文化"，年代约在4000年以前。细石器遗存遍布天山南北，尤其以哈密七角井和吐鲁番盆地的阿斯塔

和什托洛盖骆驼石遗址外景

那、疏附县乌帕尔乡的亚阔塘遗址为代表。

当时人们延续着以狩猎为主、兼营采集的原始生活，出现了聚落，色彩斑斓的彩陶器具令人耳目一新。初步研究结果表明，新疆细石器的加工技术与中国华北地区属于同一系统，同时也受到其它区域的影响。

至迟到公元前 2000 年，新疆步入了青铜文明的门坎。青铜时代是人类历史发展中的一个重要阶段，人们此间已广泛使用青铜冶炼的铜制工具和铜制兵器，并产生了畜牧业和农业，纺织、制毡和皮革加工等手工业发展达到了较高水平。新疆发现的青铜器遗址遍布天山南北，如巴里坤县的南湾墓葬、兰州湾子遗址，哈密市天山北路墓地，鄯善县境内的洋海早期墓葬，天山南部的孔雀河古墓沟墓葬和小河墓地，以及尼雅和克里雅河流域的早期遗址；天山北部则有尼勒克县吉林台遗址、阿勒泰的克尔木齐墓群等。

孔雀河古墓沟墓地的地表上有一种环列七圈木桩、外围布列辐射

和什托洛盖骆驼石遗址采集的石器，时间约为旧石器时代晚期。

楼兰遗址采集的石器

状立木的墓葬形式，极为壮观且具有典型性。位于今若羌县境内的小河墓地出土了毛织品、革制品、弓箭、木雕和铜片等大量珍贵文物，地表竖立着木祖和桨状木等生殖崇拜物，是典型的青铜时期早期墓地，曾被评为2004年中国十大考古发现之一。洋海早期墓葬及出土的文物，具有青铜器时代和早期铁器时代的混合特点，距今年代大致在3500—2800年之间。

与内地同时代遗址出土的青铜器多为祭祀器物有所不同，新疆出土的青铜器主要是一些武器、工具和饰品，如刀、镰、锛、凿、矛、镜、马具和装饰品。早期遗址中大型铜器不多，后期则出现了铜鍑、铜盘、铜武士俑等大型铜器，反映了新疆地区冶铜技术的发展和进步。值得提及的是，尼勒克县境内已经发现了属于青铜器时期的奴拉赛大型铜矿遗址，据研究，这是目前新疆境内发现的年代最早的古铜矿和冶矿遗迹，诸多青铜制作的各种器具来源因此有了一个证明。

当时的人们因地制宜，从事不同类型的经济生活，并因此形成了不同的文化，如哈密盆地以农业经济为主的天山北路文化、罗布泊地区农牧并举的小河文化、天山以北及帕米尔高原以畜牧经济为特点的安德罗诺沃文化等等。新疆地区多种文化并存发展的雏形已经出现。

公元前700年到西汉时期（前202—公元9），新疆开始进入早期铁器时代，分布在天山南北的察吾乎文化、焉布拉克文化、苏贝希文化和伊犁河流域文化都是极具鲜明区域特

尼勒克县出土的三足铜釜

色的代表，各相邻文化间的交流非常频繁，农业、畜牧业和手工业生产继续得到发展。

陶器是人类首次改变了物质属性而制造出来的产品。作为青铜时代和早期铁器时代的重要特征之一，彩陶不仅是人类先祖使用的一种日用品，同时也是一种内涵极为丰富的艺术品，隐示着文明的演进和交流进程。众多出土文物充分显示，新疆最初的陶器系手制，以夹砂红陶为主，少量为灰陶和泥制红陶。大约在距今3800年前后，新疆各地陆续使用彩陶，其中哈密地区出土的双耳罐以及彩陶器上的三角纹锯齿纹图案，吐鲁番盆地诸遗址出土的红地黑彩和三角纹、火焰纹饰，中部天山深处的和静县察吾乎墓地发现的带流罐、杯和棋盘格纹、网状纹，不仅反映了从形制到纹饰的丰富性，而且带有明显的地域文化特点，同时，还揭示了内地彩陶文化经过河西走廊，进入哈密后渐进式向西部发展对新疆各地的深远影响。

楼兰及"楼兰美女"

提及古代"楼兰"，人们或许就会想起汉朝勇士傅介子怒杀楼兰王的事迹。故事说汉朝时期，西域的楼兰国王仰仗其交通便利，倚靠匈奴人的支持，阻塞通道，杀害汉朝使臣。楼兰王的弟弟尉屠耆亲汉，就将此事告知汉朝，时任汉朝大将军霍光听闻此事，异常恼火，就派遣平乐监傅介子前往西域刺杀楼兰王。傅介子受命带领轻兵驰往楼兰，以赐给金币名义取得楼兰王的信任，双方饮酒取乐。见楼兰王已经酒醉，傅介子哄其有要事相告，带楼兰王至屏风后，秘藏于此的两位壮士从后面刺死楼兰王。傅介子出来告谕楼兰国朝野百姓，宣示国王罪行，立亲汉朝的尉屠耆为王，楼兰形势因此而定。

傅介子斩杀楼兰王的故事流传后世甚广，唐代诗人李白《塞下曲》中的著名诗句："五月天山雪，无花只有寒。笛中闻折柳，春色未曾

铁板河畔出土的女干尸

看。晓战随金鼓，宵眠抱玉鞍。愿将腰下剑，直为斩楼兰。"所言即指此事。

"楼兰美女"同样历史久远，她应是古代楼兰的原住民，是 20 世纪 80 年代中国考古工作者在楼兰故城遗址附近出土的一具古代干尸。

新疆南部地区干旱少雨，广袤的戈壁沙漠中保存下来很多古代干尸，新疆由此留下了古代"人种博物馆"的美名。在这里可以寻找到各种不同来源的人种类型。

1980 年，新疆社会科学院考古研究所在若羌县境内罗布泊西北的雅丹台地的古墓中发现一具成年女尸。该女尸保存较好，深褐色长发披肩，上身裹粗毛布，下身裹羊皮，头戴毡帽，帽侧插羽毛，随葬有草编篓、木梳等物。经过对墓地出土毛布和毛皮标本的碳十四测定，年代距今 3880 年左右，属于青铜时代。后来人们经过对这具女尸的复原，就形成了现在著名的"楼兰美女"像。

人种学家和古人类学家经过对新疆史前时期墓葬出土的人骨标本的测量，以及对古尸容貌的研究发现，史前时期的新疆居民种族多源，存在东、西方两大人种，既有白色人种（欧罗巴人种），也有黄色人种（蒙古人种），还有白色人种与黄色人种的混杂型。例如在青铜时代早期，具有原始欧洲人种成分的居民已定居在罗布泊地区。

考古发现揭示，除了欧罗巴人种外，在新疆哈密、吐鲁番等地也

发现了蒙古人种成分的古代居民墓葬。

新疆特殊的地理区位和生态环境，使新疆地区在史前时期就已呈现出种族多源、文化各具特色的人文历史格局，它直接影响到汉代（前202—公元220）以后乃至现代新疆居民的人种特征。

周穆王西巡的传说

新疆特殊的区位特点使它很久以前就积极发展与周边地区，特别是同中原地区的经济文化交流关系，在《尚书》《竹书纪年》《山海经》《楚辞》等中国先秦时期的汉文古籍里，都有不少新疆地理、山川、河流的相关记载。

今天到新疆乌鲁木齐南郊天山深处的天池景区参观游览时，热心的导游会指着天池，告诉你一些有关周穆王西征昆仑在瑶池会见西王母的民间传说。那么，历史上是否真有周穆王和西王母瑶池相会这件事？这个美丽的民间故事又反映了什么？

史书文献表明，中国历史上的确有周穆王这个人，他是西周时代（前1046—前771）的第五位皇帝，姬姓，名满，距今约3000年左右。至于西王母其人，很可能是史书中对于远古时期中国西北地区某位少数民族首领的称呼。

根据《穆天子传》中所示，周穆王西行壮举受到一位名叫河宗伯夭属臣的启示。相传周穆王一行由宗周（洛阳）出发，游漳水，过雁门，行抵河宗之邦（今内蒙古河套以北诸地），依惯例河宗引领周天子祭河，然后献上美玉，并告知穆王："这块美玉是从帕米尔高原采集来的，昆仑山有高原四处，泉水七十处，您应该到昆仑山去，看看帕米尔的美玉。"河宗的这番话勾起周穆王渡河西行的欲望，于是他亲自率领禁卫军，驾上著名的八骏（赤骥、盗骊、白义、逾轮、山子、渠黄、骅骝、绿耳）开始了声势浩大的西游之旅。他们先渡黄河，经过燕然山（今蒙古国境内杭爱山）至今青海西宁市，然后从柴达木盆地西进塔里木盆地，北登帕米尔高原，接受当地酋长奉献的"玉荣枝斯之英（于阗玉石）"，大概在今天伊拉克两河流域或德黑兰与西王母相会，两人饮宴酬酢，自在悠闲。西王母唱道："北云在天，山陵自出。

高方座承兽铜盘，托克逊县阿拉沟墓地出土。

道里悠远，山川间之，将子无死，尚能复来。"以示爱慕之意，盼能再度前来。周穆王对曰："予归东土，和治诸夏。万民平均，吾顾见汝。比及三年，将复而野。"表明三年之后还将再来的愿望。

周穆王一行复继续向西北方向行进，饮楚河水，猎于塔拉斯草原，经阿尔泰山南部，渡额尔齐斯河，顺"丝绸之路"草原路向东进入河套地区，一路经居延海，逾阴山，东归陕西华县。往返 25000 里，历时两年。

郭沫若先生指出，《穆天子传》一书的传神之处就是把当时中国西北地区各族人民，以及中亚地区各族人民之间的友好情谊，通过周穆王西行形象地表现出来了。所以有人以为，《穆天子传》里记述的周穆王更像一位冒险西域从事商品交易活动的商贾的形象。在这支西行的商队同当地交换的物品中，玉石占据相当大比例，在赠予物品里，又以丝织品、布匹为大宗，所以这种以贡赐形式表现出来的西域同中原地区经济往来的关系似乎还告诉我们，先秦时期东西经济交往的主要物品还是玉石、丝绸，所以一些人饶有兴致地将早期丝绸之路又称为"玉石之路"，这确实是比较符合实际情况的。中国古籍《山

精美的察吾乎陶器，出土于今和静县。

海经》《尚书》《列子·穆王篇》《史记·周本纪》《史记·秦本纪》中皆有西王母来朝贡献玉石的记载。1976年，在河南安阳殷墟发现的一座王室墓葬（殷王武丁妻子妇好墓）里，出土玉器756件，经专家检测，这批年代距今3200余年的色泽鲜润的玉器，所使用的原材料都是产自新疆的软玉。

新疆各地诸多考古文物也有力地证实了这一结论。例如人们发现，哈密天山北路文化的陶器大多源于东方系统，如双耳菱格纹彩陶罐就是甘肃河西走廊地区马家窑文化的马厂类型的典型器物。陶器上流行的垂带纹、网格纹、手形纹又与河西走廊的四坝文化陶器接近。可见，早在距今4000年前，马厂和四坝这两种甘肃早期文化已经扎根新疆东部的哈密地区。新疆远离大海，本地不产海菊贝，但是，从哈密天山北路、五堡、焉布拉克墓地，经吐鲁番盆地的洋海、和静的察吾乎沟口，西到罗布泊和洛浦县山甫拉墓地，都普遍出土海贝类制作的装饰物，如珊瑚珠等，这类海菊贝都源于中国东南沿海。乌鲁木齐南山矿区以及阿拉沟等地墓葬里还陆续出土了一些中原地区输入的漆器、丝绸以及铜镜等物品。

华夏先民的步履早已进入新疆，新疆各地同中原地区的交往联系源远流长。

直柄铜镜，尼勒克县吉林台墓地出土。

"汉之号令班西域"

新疆古称"西域"，由于戈壁大山相隔和受绿洲社会经济发展水平的限制，汉朝统一西域之前，天山南北各地一直处在分散闭塞、各自为政的割据状态中，这种分裂局面严重阻碍了当地经济的发展，显然不利于新疆的社会进步。西域社会的进一步发展有了超越氏族范围的区域性统一的要求，这种统一局面的构筑若仅仅依靠该地区的自身努力是根本无法实现的，新疆历史的发展演变也一再证明了这点。

西域的"行国"和"城郭诸国"

今天的新疆范围，在汉代时被称为"西域"，这个名称出自西汉时期司马迁的《史记》，其涵义是指中国西部的疆域，至清即为"新疆"一名所替代，一直沿用了近两千年。一般认为"西域"地理上有广义和狭义之分：广义的西域是指今天玉门关、阳关以西乃至中亚、西亚和欧洲的一部分，例如唐朝（618—907）初年前往印度取经的中原佛僧玄奘所著《大唐西域记》，以及《明史·西域传》中所涵盖的西域地理范围；而狭义的西域则指玉门关、阳关以西，帕米尔以东地区。西域名称的出现及后来的衍变反映了不同时期中原地区人们对西部地区认识程度的不断变化。

根据西汉张骞出使报告，汉代西域所指范围，主要指"三十六国"。古汉语中习惯以九、十二、三十六、七十二等数字代表多数，以示多也，所以这里所谓"三十六"只是虚数，例如汉元帝时受册封、佩带汉印绶的西域诸国竟多达五十多个就是一个例证。"三十六国"大体分布在今昆仑山北麓、天山南北和塔里木盆地两翼诸地，知其名者如昆仑山北麓诸国：鄯善（楼兰，今罗布泊东北）、且末（今且末西南）、精绝（今尼雅遗址）、戎卢（今尼雅河上游）、纡弥（今策勒以北）、渠勒（今于田以南）、于阗（今和田一带）、莎车、皮山等；分布在天山南麓者有：疏勒（今喀什噶尔）、尉头（今阿合奇县南）、姑墨（今温宿）、龟兹

（今库车）、轮台（今轮台）、尉犁（今焉耆县南紫泥泉一带）、危须（今和硕）、焉耆、山国（今和硕县东北）等；天山北麓一带者则有：车师前国（今吐鲁番）、狐胡国（或在吐鲁番）、车师后国（今吉木萨尔）、乌贪訾离（今乌鲁木齐以西）、卑陆国、卑陆后国（阜康至乌鲁木齐）、郁立师国（乌鲁木齐至昌吉）、单桓（今呼图壁）、蒲类（巴里坤一带）、蒲类后国（今木垒一带）、西且弥、东且弥（今阜康至吉木萨尔一带）、劫国（今昌吉附近）；在帕米尔高原以及帕米尔高原以西则有：乌秅（今塔什库尔干南部一带）、西夜、子合、依耐（今叶城县南）、蒲犁（今

楼兰故城遗址

塔什库尔干）、无雷、桃槐、休循、捐毒（帕米尔地区）以及大宛（今费尔干纳）等地。

西域"三十六国"，若按其居民生产生活方式而言，大体可分为两种类型：一类是"行国"，即居无定所、逐水草迁徙的游牧部落；一类则以定居的农耕经济为主，也就是史书中通称的"城郭诸国"。上述诸国中，又有"当道"和"不当道"之分，即是否位处丝绸之路孔道上。除帕米尔高原诸国外，其余各国都在"当道"。一般讲"当道"者经济文化比较发达，反之则相对落后。

这些"行国"或"城郭诸国"与现代具有严格的组织机构与政治意义的国家是俨然不同的，它们只是一些以绿洲或草原地域为单元的地方或民族名称，反映了中国古代某些部族或民族在特定的历史条件下的某种生存方式，例如"城郭诸国"中，最小的"单桓国"，只有27户，194口人，充其量只是一个环绿洲而聚居的村庄而已。至于那些游牧民族的"行国",逐水草而行,连固定的疆域都没有。

汉代西域是一个诸多族群、民族聚居生息的区域,知名者如塞、匈奴、大月氏、乌孙、羌等。西域自然和社会生活环境的封闭性,使这些族群的来源和文化类型各有不同,呈现出繁复多样的特点,像汉代伊犁河谷等地居民多为头戴尖顶毡帽的塞人,中国史书中又称之为"塞种",在古希腊史家希罗多德《历史》一书中则称之为"斯基泰",实际上都是指的同一族群。考古人员曾在伊犁河谷的新源县采集到一具青铜塞人武士俑,其栩栩如生的形象同希罗多德书中所描述的古代斯基泰人的装束打扮全然一致。

古代莎车、叶城等居民则多有羌人血统。羌人是今天中国羌族的祖先,历史悠久,文化灿烂,曾对今天中国许多民族的形成发展做出贡献。

汉人同样也是西域早期居民之一,司马迁《史记·大宛列传》中就曾记载这样一件事,说的是汉武帝时期,位于今天中亚费尔干纳盆地的大宛国守城士卒,贪图钱财杀死了汉朝前往该地购买马匹的商贾,汉武帝闻信大怒,就命令其小舅子——大将军李广利率领汉军征伐大宛城。李广利伐大宛城出征两次,首次西征由于没有做好后勤准备而告失败。第二次复受命率领大军讨伐大宛城,由于侦察到大宛城中居民用水依赖城外河流,所以李广利军中还带了一些挖井的工匠,准备围城后切断城中居民水源,以迫使其自动投降,然而围城之后才得悉,大宛城守军和居民得到"秦人"的帮助,已经学会了打井的方法,所以李广利的计谋没有实现。帮助大宛城居民凿井的"秦人"实际上就是中国西北地区"秦朝"的子民,当时中国北方游牧民族和西域的人们都习惯上将中原地区的汉人称为秦人。这个故事说明早在西汉之前,中原地区的汉人已经进入西域地区,甚至远及中亚地区定居生活。先秦时期新疆各地与中原地区之间的经济文化交流为后来西汉对新疆地区的统一管辖奠定了基础。

"凿空"西域的张骞

　　古代中原地区人们对于西域各地的最初认识是与一个名叫张骞的汉代历史人物连在一起的。张骞，汉中（今陕西成固）人，汉代著名的外交家和探险家，他的西行经历应是一首惊险悲壮的英雄主义色彩史诗。

　　汉朝统一西域之前，当时天山南北各地皆处在匈奴统治之下。匈奴系秦汉之际驰骋活动在中国北方草原上的一个实力强悍的游牧民族，初弱，曾依附于东胡，后冒顿单于（匈奴最高首领）继承父亲王位，势力逐渐强大，不仅消灭强大的东胡，掠其民人及畜产，还向西击走大月氏，南并楼烦、白羊河南王等部族，控弦之士三十余万。

　　公元前 209 年，冒顿单于创立匈奴奴隶主政权，周邻各族皆归其所属。不久，匈奴右贤王统兵西征，打败了当时占据河西走廊的大月氏人，迫使大月氏人西迁到今天的伊犁河流域。原来活动在这一地区的塞人则慑于大月氏人的军事压力，向西南迁徙到帕米尔高原地带。公元前 166 年，匈奴右贤王统兵西征，打败了当时控制河西走廊的月氏人，西域诸地随之落入匈奴统治之下。后来，匈奴的日逐王在焉耆、危须、尉黎间设置了官员"僮仆都尉"，职责是"赋税诸国，取富给焉"，匈奴贵族视西域当地各族为奴隶，对天山南北各族的统治是十分残酷的。匈奴依靠盘剥西域各地粮饷充实国库，经常劫掠汉朝边境地区，对西汉王朝构成威胁。

　　汉匈之争由来已久，早在刘邦定都长安称帝后，就曾亲率数十万汉军与匈奴在白登（山西省定襄县）交手，但却被匈奴大军包围，汉军一筹莫展，最后刘邦竟然使用谋臣刘敬之计，利用钱物贿赂匈奴后宫阏氏，劝解单于让出一条生路，方才解汉军"白登之围"。由此导致之后西汉历任帝王采用"和亲"策略以维持同匈奴之间的关系，所谓"和亲"即汉朝将公主嫁于匈奴单于，并每年将巨额金钱丝帛送赠

张骞出使西域图（敦煌壁画）

匈奴，以换取边境不被匈奴掠扰。所谓"北有匈奴，南有大汉"，"长城以北，引弓之国，受命单于，长城以南，冠带之室，朕亦制之"（《史记·匈奴列传》），这种局面一直维系到汉武帝执政之前。

汉武帝刘彻继位后，经过几十年的励精图治，汉朝的国力和军事实力都有了很大增强。国富民强的雄厚基础，促使汉武帝有了"朕不变更制度，后世无法，不出师征伐，天下不安"的宏图大略。为了打败匈奴这个强有力的对手，汉武帝认真汲取先祖的教训，充分地进行了各方面的准备工作。一次，他从投降的匈奴士兵嘴里了解到，在当时匈奴人统治的西部，还驻牧着一个名叫月氏的部族，也对匈奴人的统治十分不满。原来，月氏部族最初游牧在河西走廊的草原地带，势

张骞像，陕西城固县。

力很是强盛，连匈奴都仰其鼻息，冒顿单于幼时就曾被其父亲送往月氏君王处作为人质，差点丧命。但后来随着匈奴的崛起强盛，月氏人被打败，其君王成为匈奴的刀下鬼，匈奴人将月氏王的脑壳用作饮酒的器具。溃散后的月氏残部被迫西迁到伊犁河谷游牧。汉武帝得知这一重要信息后，由此萌发了一个远交近攻的大胆设想，即派遣一个使团前往月氏人处联络，与之结成共同对付匈奴的政治联盟，月氏由西边打击匈奴，可断其右臂，绝其后勤供应，使匈奴陷入东西夹击的困境，这样汉朝派兵出击便可成功。为此，汉武帝下诏公开悬赏，征募使者。此时的张骞官小位卑，但不甘心碌碌无为一生，于是应募并获准率使团西行。

公元前138年，张骞带领西域人堂邑父（本名甘父）等100多名随从离开长安，踏上充满危险的西使征途。在行抵河西走廊一带时，张骞及随从就为镇守该地的匈奴人所捕获。秋去春来，牧草青了又黄，张骞在匈奴帐中娶妻生子，一呆就是十余年，然而逆境之下，他仍然汉节未失。一天，乘匈奴人管理松懈，他终于和贴身随从堂邑父一起从匈奴营帐中逃脱出来，主仆二人仍继续西行，以完成汉武帝交付的使命。历尽艰辛，几经周折，张骞二人终于在阿姆河一带寻找到大月氏人的踪迹。原来，大月氏人从敦煌西迁伊犁河谷后不久，便又南徙至阿姆河一带，那里土地肥沃，水草丰盛，所以大月氏"户口殷盛，安居乐业"。张骞见到大月氏酋长，说明其来意，然而，时过境迁，大月氏人更依恋于这一带的肥田沃壤，无意东归与匈奴争斗。张骞只得与大月氏酋长相别，踏上东归路程。

由于有西行时的教训，张骞东行就避开了河西走廊这一条路线，而是改行南道，逾过帕米尔高原后，经莎车、于阗诸地，沿着塔里木盆地南缘进入柴达木盆地，试图绕道羌族地区回到内地。但是，尽管张骞计划周密，却未曾料到，这一带地区当时实际上也在匈奴人的控制之下。所以，归途中复为匈奴人俘虏，在匈奴营里，张骞又过了一

年多的囚禁生活。不久，在位的匈奴单于卒，内部发生动乱，警戒放松，张骞乘机携堂邑父逃出匈奴，继续东行，公元前126年，张骞回到长安。

张骞历经13年磨难归来后，即刻给汉武帝递交了一份详细的出使报告，他的报告给汉朝统治者带回来急需的西域各国的地理分布、民族习俗等方面的重要信息，张骞因此官升太中大夫，继而又封为"博望侯"。他的贴身随从、西域人堂邑父骁勇善射，史载其曾"穷急射禽兽给食"，西行途中给张骞很大帮助，也被汉武帝封为奉使君。

汉元狩四年（前119年），张骞第二次受命再度西使，不仅抵达乌孙等国，还另遣副使分别赴大宛、康居、大月氏、大夏、安息、于阗等地，与这些地区进行了广泛的政治接触和经济交往。

《史记·大宛列传》记载，张骞"为人强力，宽大信人，蛮夷爱之"，其西域之行加深了中原地区对西域的了解，密切了两地之间的政治、经济联系，扩大了汉朝在西域诸地的政治影响，为后来汉朝统一西域创造了条件。张骞的西使还开辟了东西方相互认识和了解的新天地。古人曾形象地将张骞西行壮举称之为"凿空"，近代国外一些学者则将张骞出使西域同后来哥伦布发现美洲在世界史上的重要地位相比较。另外，张骞西行所体现的那种为国家民族利益赴汤蹈火无所畏惧的精神，更成为中华民族的宝贵财富，激励和鼓舞了一代代中华儿女献身于开拓和保卫祖国西北边疆的事业中。

荡气回肠的"黄鹄歌"

《黄鹄歌》为西汉才女细君所作。这首被誉作千古绝唱的诗歌采用现实主义手法，真实再现了当时活动在茫茫大草原上的游牧民族——乌孙人的社会生活风貌，述说了一位远嫁他乡的女子思念故乡亲人的哀怨。

乌孙是古代活动在中国西北地区的一个游牧民族，为今天中国哈

明人仇英绘《汉家公主出塞图》

萨克族远祖之一。公元前 2 世纪初游牧活动在今天甘肃境内的敦煌、祁连山一带地区。根据汉文史书记载，当时他们北面是强大的匈奴人，紧邻的大月氏人军事实力也比他们强，大月氏杀死乌孙王难兜靡，将其头制作成饮酒的器具，所以乌孙最初曾被迫归属大月氏人，乌孙人一度处境维艰。难兜靡之子猎骄靡投靠了匈奴，誓言复兴故国。长大后的他在匈奴人的支持下率军西征大月氏，因为当时的大月氏已经西

25

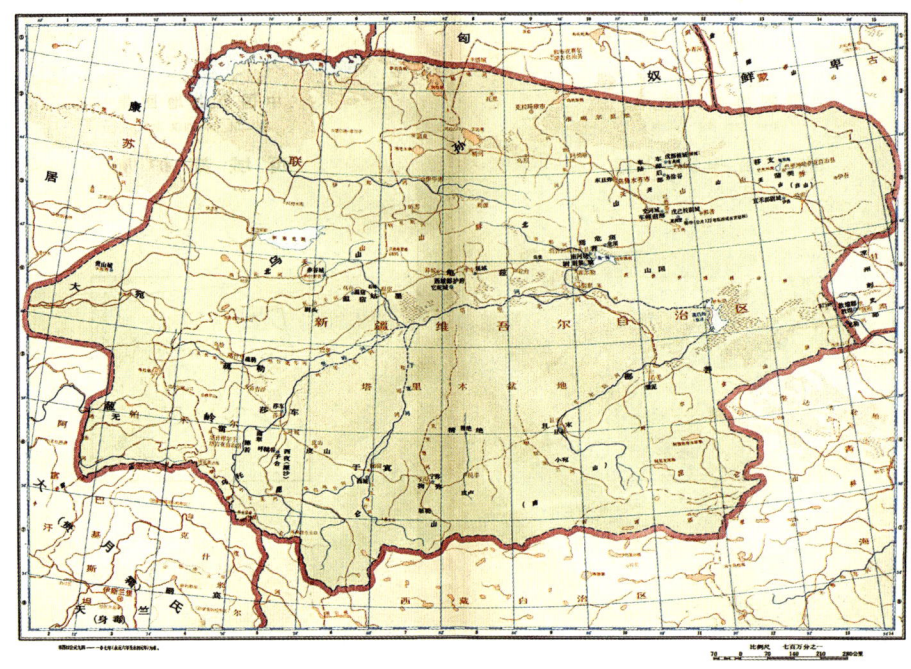

西汉西域都护府地图

迁至伊犁河流域，猎骄靡协同匈奴老上单于西征，大月氏人不敌，南迁占据大夏人的居住地。猎骄靡实际上并不愿附属于匈奴，于是大量乌孙人从敦煌、祁连山一带西迁到伊犁河流域游牧生活。

公元前119年，张骞第二次奉命出使西域，至伊犁河乌孙居地馈赠礼品，劝其返回从前故地，与汉朝联合，共同对付匈奴。当时乌孙昆莫（王）年事已老，加之他对汉朝的情况不很了解，害怕匈奴报复，所以就没有答应张骞的请求，但仍对汉朝使者的到来表示欢迎，并派遣使者携带礼品随同张骞到中原地区朝贡。乌孙使者回去后向昆莫（王）报告了汉朝的富庶强大，自此乌孙转变了对汉朝的态度，多次派遣使者前往汉朝贡献方物土产。乌孙当时为西域最大的地方政权，它的向背影响着西域的政局变化，由于乌孙派遣使者到中原地区进贡，于是西域各地都踊跃同汉朝建立联系。

为了巩固同汉朝的友好关系，乌孙昆莫表示愿意同汉朝联姻。为此汉朝积极响应，汉武帝元封年间（前110—前105），汉朝将宗室刘建之女细君为公主下嫁乌孙昆莫为妻，赠送礼品甚丰。细君公主远嫁乌孙昆莫后，虽然昆莫专为她修造了一座汉式宫殿，且有百人随从伺候，但是依然不能排遣她的思乡之情，由是创作了脍炙人口的《黄鹄歌》：

吾家嫁我兮天一方，
远托异国兮乌孙王。
穹庐为室兮毡为墙，
以肉为食兮酪为浆。
居常思土兮心内伤，
愿为黄鹄兮还故乡。

《黄鹄歌》借细君公主之口如实地反映了两种不同经济背景下的文化观念差异，封建社会时代妇女的从属地位和命运的不可预测也在这里得到有力的解读。

年事已高的乌孙昆莫出于善意，按照乌孙的习俗，劝细君改嫁他的孙子军须靡为妻。由于这与中原汉儒文化相背离，所以细君公主坚决不愿意，并将此事告诉了汉朝皇帝。皇帝派使臣让她从维护汉朝与乌孙友好关系的大局出发，遵从乌孙的习俗，细君便复嫁给昆莫的孙子，并为他生下一女，名叫少夫，不久细君因病过世。随后，应乌孙之请，汉朝复将宗室刘戍的孙女解忧嫁给当时的乌孙昆莫军须靡，解忧在乌孙穹庐中生活了40余年，先后两次易嫁，留下四男二女，她与侍女冯嫽一道为巩固汉朝与乌孙之间的联盟作出了巨大贡献。汉宣帝本始二年（前72年），匈奴大举进犯乌孙，应昆莫的请求，解忧遣使上书汉朝派兵增援解围，汉兵15万骑分五路进击匈奴，乌孙派兵

协助，大败匈奴。次年，匈奴派兵数万进攻乌孙，中途遭遇大雪，匈奴人畜损失惨重，乌孙乘机出兵，会同西域各地兵马分三路进攻匈奴，匈奴大败。由此，匈奴势力渐衰。汉武帝制定的联合乌孙"断匈奴右臂"的战略在经过近半个世纪的经营后终于得以实现。自后，乌孙与汉朝之间一直保持着密切的关系。正因为有了这个基础，神爵二年（前60年）西域都护府建立后不久，甘露三年（前53年），此时已经一分为二的乌孙大、小昆莫皆受汉朝所赐印绶，乌孙遂成为汉朝属地。

首任西域都护郑吉

汉代"西域都护府"的建立应是自西汉以来天山南北各地统一于中央政府的一个重要标志，这一重要事件的发生是与汉朝抗击匈奴的斗争联系在一起的，同时还与一个著名的人物相关，他就是汉代著名政治家——郑吉。

张骞第一次出使西域归来后不久，公元前121年，汉朝大将军霍去病大败驻牧在河西走廊一带的匈奴浑邪王和休屠王，汉朝政府在此设置了武威、酒泉两郡（后改为武威、张掖、酒泉、敦煌四郡），这一举措切断了匈奴同西北强族氏、羌诸部之间的联系，使汉朝与西域各族间的联系更为便利。公元前119年，张骞受命再度西行，同此前不久迁往伊犁河流域的乌孙联系结盟事项。经过多方努力，双方建立了密切关系，汉朝先后将细君、解忧等公主远嫁乌孙昆莫，汉朝同乌孙间的联盟有力地遏制了匈奴对汉朝的侵扰，使匈奴在西域的处境更显孤立。

公元前109年，因为西域的楼兰、姑师等依仗其通道位置，经常劫持汉朝使者，又与匈奴相勾结，汉军将领赵破奴领兵数万人西征，攻破楼兰、姑师等西域重镇。公元前102年，汉军在贰师将军李广利率领下西行，二度讨伐并攻克大宛（今费尔干纳）。这些政治军事活

汉归义羌长印，铜质，新和县玉奇喀特古城出土。

司禾府印，1959年在尼雅遗址采集，此为掌管屯田事务的机构。

动极大提高了汉朝在西域各族中的威望。翌年，为解决驻扎西域的汉军和往来使者的粮食供应，汉朝在西域的轮台、渠犁等地驻兵屯田，并置"使者校尉"统领之，使者校尉应该是汉朝政府最早设在西域地区的地方官员。屯田之举到汉西域都护府建立之后，在天山南北诸地得到极大发展，并且作为一种戍边形式对后代产生了很大影响。

汉宣帝神爵二年（公元前60年），匈奴统治层内部发生动乱，驻守西域的匈奴日逐王先贤掸恐遭不幸，率部众自愿归服汉朝，匈奴设立的僮仆都尉随之撤销，至此，天山南北诸地均归汉朝统属。汉朝中央政府为了加强对西域各地的军政管理，设西域都护府，府治立在乌垒城（今轮台县策大雅南），郑吉被任命为首位都护。在此之前，郑吉曾就任"护鄯善以西使者"，保护西域南麓通道诸地，而现在，"西域都护"意是整个天山南北都要管理保护，这一名称无论从字面上还是内涵上都与匈奴人设立的"僮仆都尉"有很大区别。所以史书记载道："汉之号令班西域矣，始自张骞而成于郑吉"，它形象地表现了西域都护府的政治性质，以及张骞和郑吉在汉朝统一西域过程中所建立的不朽功勋。

郑吉之后，西汉时期担任西域都护职位已知姓名的共有 18 位。20 世纪 30 年代，人们在古代龟兹（库车）辖地还发现了西汉时期最后一任西域都护李崇的印章。

西域都护府的建立，使"汉之号令班西域矣"，标志着西域诸地自此成为中国统一多民族国家的组成部分。它是先秦时期以后中原地区同西域地区长期经济文化关系发展的历史必然。自此天山南北各地进入中央王朝的有序管理之下。

西域都护府这些政治、经济、军事措施密切了西域同中原地区的关系，增强了边疆各族人民对中央政府的向心力，西域各地政治经济和社会生活的变化进一步加快。西域都护府这一管理形式以及相关政策，也因为有效地保证了西域各地民族关系的良性发展，而成为后代中央王朝统治者仿效的范例。

高昌故城

莎车王家族逸事

西汉末，外戚作乱，王莽篡权，改国号为"新"，遂导致内地政局不稳。汉朝治边战略的随意变更也招致了边疆各地局势的动荡，如王莽派遣使者前往匈奴汗帐，以受命代汉理政为由，更换了匈奴单于印章，原先的印文为"匈奴单于印"，新印文则更名为"新匈奴单于章"，二者内涵差异颇大，自然引发匈奴单于的极大不满，启兵劫掠汉地，汉匈对峙局面重现。这招"贬易侯王"也导致"西域怨叛"。东汉（25—220）初年，匈奴趁势南下，重新占据了西域各地。但是，"匈奴敛税重课，诸国不堪命，建武中（25—55）皆遣使求内属，愿请都护"，正是从汉朝与匈奴先后管理西域事务的对比中，西域各族深感汉朝政府经营时期的恩惠和好处，所以请求派遣都护继续进行统辖管理。然而，此时在任的光武皇帝以"天下初定，未遑外事"为由，竟未答应西域各地使臣的请求，天山南北各地复陷入分裂割据状态中。

位于天山南部塔里木盆地边缘的莎车国势力坐大，其王于乱世中趁势吞并周边各地，称雄一时。初，西域动荡，各地纷纷称雄。西汉时期的小宛、精绝、戎卢、且末等地为鄯善所并，渠勒、皮山则为于阗所占，天山东部的郁立师、单桓、狐胡、乌贪訾离等地为车师攻占，此间西域各国中仍以莎车王延的势力最强。据记载，莎车王延早在汉元帝时曾作为侍子在京师长安逗留多年，后归国，匈奴掠有其地后，仍不肯归属，曾经"慕乐中国，亦复参其典法"，一再教导其子女"当世奉汉家，不可负也"。元风三年（18年），延死后，其子康继承父位，一直到光武帝初年，康都遵从其父遗言，率家丁抗拒匈奴，并拥戴汉朝故都，护卫汉朝子民千余人，檄书河西打听汉朝动静，心系汉朝。建武五年（29年），汉朝派遣驻守河西大将军窦融"承制立康为汉莎车建功怀德王、西域大都尉"。公元33年康亡，弟贤代之，随后吞并西夜、拘弥等地，38年会同鄯善王安一同派遣使者赴汉朝贡献。

史籍记道："于是西域始通，葱岭以东诸国皆属贤"，塔里木盆地边缘的莎车称雄一时。41 年，贤派遣使臣前往中原贡献方物，复"请都护"。当时的汉朝皇帝很感动，想到几代莎车王都效忠汉朝，经过询问大司空窦融，就赐给贤西域都护印绶，以及车旗黄金锦绣等物。然而此事为当时的敦煌太守裴遵所阻拦，他认为西域诸国割据，若授给贤西域都护职衔，易引起其他各国的不满，汉皇帝采纳裴遵的意见，下诏要收回都护印绶，而改授其汉大将军印绶。当时贤的使者不肯换印，裴遵使人强夺之，莎车王贤开始对汉朝不满，于是他便在西域各地诈称大都护，移书各国，扩充势力，先后占领了龟兹等国，"重求赋税"，西域各地恐惧。莎车由此势力坐大，西部大宛等都归其所辖，莎车王分派将领管理各地事务。

至公元 45 年，车师、鄯善、焉耆等西域十八国都派遣王子一同上朝，献其珍宝，见到汉朝皇帝后，"皆流涕稽首"，请求汉朝派遣都护进行管理。汉皇帝仍拒绝派兵前往，遂使西域各地首领失望，贤在西域的势力得到进一步增强。61 年贤为于阗王所杀，莎车势衰，不久匈奴南下，克于阗等地，西域政局复陷入动荡之中。

"投笔从戎"的故事

"投笔从戎"这一成语源出汉代班超父子放弃舒适的诗书生涯，投身从军，保家卫国的真实故事。东汉年间班超父子在西域的政治活动无疑是中国历史上影响深远的一件事情。唐代诗人王维诗"不识阳关路，新从定远侯。黄云断春色，画角起边愁"中的"定远侯"指的就是班超。

班超是扶风平陵（今陕西省兴平）人，《汉书》作者班固是他的哥哥。班超从小读过很多书，受过良好的教育。《后汉书·班梁列传》中记载："永平五年（62 年），（班超）兄固被召诣校书郎，超与母随至洛阳，家贫，常为官佣书以供养。久劳苦，尝辍业投笔叹曰：'大丈夫无它志略，犹当效傅介子、张骞立功异域，以取封侯，安能久事笔砚间乎！'左右皆笑之，超曰：'小子安知壮士志哉'。"班超的远大志向由此可见一斑。

公元73年，东汉王朝派遣大军攻伐北匈奴，其中汉将窦固、耿忠等率部出酒泉，于天山一带击败匈奴呼衍王部，占据伊吾（今哈密市），设"宜禾都尉"开垦屯田。时任假司马的班超因作战勇敢、足智多谋而深得窦固赏识，窦固命令班超带领一支36人组成的小分队顺天山南麓西行收复失地。

班超带领这支精干的小分队先从南道进入鄯善国，亦即今天的楼兰故城遗址所在地，当时这里经济繁盛，是当时中原地区进入西域的重要交通枢纽，汉朝与匈奴争夺十分激烈。刚到鄯善时，鄯善王广对待他们非常客气，用心款待。但是几天过后，鄯善王的态度发生转变，日渐冷淡。班超推断可能是匈奴单于的使者来到此地所致，后经侍者透露确实如此，原来匈奴使者带领100多人进入鄯善国。为了打消鄯善国王归汉的疑虑，当天夜晚，班超带领随从围攻匈奴使者驻地，杀死匈奴单于使者，鄯善国归附汉朝。

班超继续西行进入于阗国，这里当时为通往中亚各国的交通要道，所以匈奴也派使者督查该国国王，为了阻挠该国同汉朝接触交往，匈奴使者利用该国崇信巫术的习俗，唆使巫师

班超

"元和元年（84年）锦带"，民丰县尼雅遗址出土。

对汉朝使者造谣中伤，胡说于阗不能归属汉朝，并称汉朝使者有一匹黑嘴的马匹可以充作祭祀，企图将班超一行挤出于阗。于阗王广德听信巫师的话，派人索要班超的马匹祭祀神仙，班超佯许之，让巫师去拉马祭祀。待巫师行至汉朝使者居处，班超决然斩下巫师首级，然后送给广德，并揭穿了匈奴使者的阴谋，广德素闻班超英勇无比，见状极为恐慌，即刻杀死匈奴使者，率部归附汉朝。

班超以其卓越的政治、军事才干，在西域各地人民的大力帮助下，南征北战，屡战屡胜，终使塔里木盆地南缘各地归属汉朝，为东汉政府恢复对西域各地的统治立下汗马功劳。

东汉永平十八年（75年），明帝亡，西域局势复陷入动荡，群雄争霸，新即位的皇帝恐班超孤兵无援，遂下诏西域汉军东撤内地。班超奉命踏上返回中原的旅途，西域各地人民得知消息后，纷纷婉言相留，行至疏勒，举国忧恐，都尉黎弇闻讯则以刀自刎，至于阗，王侯以下皆号泣道："依汉使如父母，诚不可去矣"，抱住班超马腿哭求，希望班超同汉军留下来与他们休戚与共，一同维持当地社会的稳定。班超见状深深为之感动，于是在行至于阗之后，就毅然率其部违令西行，留下来与当地各族人民一道，继续进行抗击匈奴的斗争。在当地各族官兵的密切配合下，班超终于稳住了当地的混乱局面。匈奴人被迫西迁，汉朝再度恢复了对天山南部诸地的控制，西域的政治局势因此稳定下来。班超也因功受封为西域都护府都护，后又被封为"定远侯"。

　　班超任西域都护期间，还派遣甘英等人于公元 97 年出使大秦（东罗马帝国），其使团足迹曾抵达波斯湾，使东西方之间的交往联系得到进一步发展。

　　东汉永元十四年（102 年），年逾古稀的班超荣归故里。至此，他在西域整整度过了 31 个难忘的风雨春秋。班超东归中原之前，时接任西域都护的原西域戊己校尉任尚与班超告别，希望能从他那里讨教些许治理西域的经验，班超没有拒绝，言之道："塞外吏士，本非孝子顺孙，皆以罪过徙补边屯，而蛮夷鸟兽之心，难养易败。今君性严急，水清则无鱼，察政不得下和，宜荡佚简易，宽小过，总大纲而已。"

柳中城遗址（今鄯善县境内），曾是西域长史治所。

班超语重心长的一番话并未得到任尚的重视，班超走后，任尚私下对其亲信言道，我当班超有什么治边良策，原来也不过就是一个凡夫俗子，依然我行我素。不久，西域发生反叛，证实了班超的预言和远见卓识。

班超死后，其子班勇继承其父遗志，又于公元125—127年间以西域长史衔受命率军西行，收复被匈奴占据的车师、焉耆等地，为东汉政府再度统辖西域作出了巨大贡献。班勇还根据实地调查和亲身经历撰写了《西域见闻录》，为后人了解汉代西域社会状况提供了十分珍贵的资料。

丝绸之路的拓展

丝绸之路是一条以中国的丝绸贸易作为媒介的联系东西方关系的古代交通要道，它是人类的社会发展促使人们克服地理障碍而寻求互相接触交流的伟大创举。1878年，一位名叫李希霍芬的德国地理学家在其所著的《中国——我的旅行志研究》一书中最先使用了"丝绸之路"的名称，后来为人们采纳并广泛使用。丝绸之路初指陆路交通，现在也包括草原丝路和海上丝路。

丝绸之路大体形成于春秋战国时期，它的一部分路段就途经新疆境内。如西方文献中很早就有"赛里斯"的传闻，"赛里斯"是"丝"的音译，后来变成当时人们对于传输丝绸到西方的中国人的称呼。经研究发现，古代西方史书里记载的"赛里斯人"多指在今天山南北各地生活的土著人，这说明新疆古代各族在早期丝绸之路中起了重要作用，也表明华夏先民的步履早已踏入天山南北各地，以及新疆各地同中原地区源远流长的交往联系。

汉朝统一西域之后，天山南北统一格局的建立，各绿洲分割局面的打破，以及各地经济交流的扩大，推动了丝绸之路的进一步发展。

和田买里克阿瓦提遗址出土的汉五铢钱

丝绸之路以长安（今西安）为起点，经过今天的陕西、甘肃以及新疆等地前往中亚、西亚乃至西方各地。一般认为这条陆上交通路线共分为东、中、西三段：从长安出发，途经陇西高原、河西走廊到玉门关一带视为东段；由此往西，经过今新疆境内至帕米尔以东诸地视为中段；再由此西行南到印度，西到中亚、西亚和欧洲各地视为西段。在这中间，新疆地区是丝绸之路上最重要的路段。两汉时期，丝绸之路的行走路线在离开起点长安后，西行经过河西走廊，分南、北两道穿过西域诸地，亦即《汉书·西域传》记载的"自玉门、阳关出西域有两道：从鄯善傍南山北波河西行至莎车，为南道，南道西逾葱岭则出大月氏、安息；自车师前王庭随北山波河西行至疏勒，为北道，北道西逾葱岭（今帕米尔高原）则出大宛（今费尔干纳）、康居（今撒马尔罕）、奄蔡（今咸海一带）"。从上述可知，汉代所谓南道、北道皆在天山以南，此与清朝时期以天山南北而中分之的"南路北路"是不同的。

　　丝绸之路的拓展给西域及西域以西各地派遣使者、商人直达中原内地创造了便利条件，汉文史书中记载当时西域"驰命走驿，不绝于

时月，商胡贩客，日款于塞下"，也是有力的佐证。西域的农作物胡麻、蚕豆、石榴、大蒜、葡萄、苜蓿等相继传入内地，诸多研究表明，汉语里诸凡前面带有"胡"字的物产多来自西域各地，例如胡麻、胡豆、胡桃、胡椒、胡瓜等。被誉作"天马"的大宛马、乌孙马及各种毛皮也通过丝绸之路源源不断地进入到中原地区，极大地丰富了内地人民的物质生活，促进了社会经济的发展。与此同时，中原地区的丝织品源源不断地传入西域，并经过此地西传欧洲。考古工作者先后在楼兰、尼雅等地发现大量丝织品，其中上面织有汉字或花纹的丝中精品——锦的出土尤能说明这一点，例如在尼雅东汉遗址中就曾出土"万世如意"锦、"延年益寿大宜子孙"锦、"五星出东方利中国"锦和"王侯合婚千秋万岁宜子孙"锦等。显然，这种锦的传入不仅仅是一种物质交流，还起到了输送内地文化的作用。此外，中原地区先进的生产工具如铁铧、铁锄等铁制农具，掘井技术、冶铁技术，以及农业经验如代田法等，也传入西域各地，极大地推动了天山南北各地农业、手工业的进步和发展。除了农业、畜牧业这些传统经济产业外，当时西域的手工业生产，如陶器制造、毛纺织、玉石制造技术工艺也具有相当高的水平。20 世纪以来，天山南北各地先后出土的大量文物证实，汉代西域各地当时广泛通行汉朝的五铢钱以及汉佉二体钱（一面铸汉字，一面铸当地人们所使用的佉卢文），说明了当时西域诸地与中原地区密切的经济交流关系，反映了汉代该地区蓬勃发展的商业状况。

文化艺术方面，由于西域各绿洲传统封闭格局的打破，以及经济交流的日益扩大，各族文化艺术的传播融汇不断增强，尤其是中原地区的政治、经济和文化对西域各族的影响更加深入。据《汉书·西域传》记载，汉宣帝时期，有龟兹王降宾迎娶乌孙公主，亦即解忧女儿弟史为妻。后降宾随其妻赴长安朝贺贡献，并在长安逗留了一年，他非常羡慕汉朝的礼章制度，后来归其国，"治宫室，作徼道周卫，出入传呼，撞钟鼓，如汉家仪"。但是出入该地的中亚等地的胡人见此都说：

"驴非驴，马非马，其龟兹王，所谓骡子"，反映了汉制度文明进入西域后与当地文化传统的融合情况。另据研究，起初西域各族民众并无姓氏，后来受汉文化影响，一些王公贵族才创立了个人的姓氏，在相关史籍中所见到的西域人的姓氏皆源出于此。

西域诸地除使用印度北部通行的佉卢文等文字外，官方往来普遍使用汉字。双语文物的考古发现表明，翻译这一行业当时已出现在天山南北各地，它反映了各民族之间文化交流的发展盛况。汉朝初年，西域的匈奴、乌孙都盛行萨满教，但是，波斯的祆教（又称拜火教）以及印度的佛教则在这一时期先后传入西域，并又经西域诸高僧向东传入中原地区，佛教的东传尤其给古老的中华文化注入了新鲜的血液

鄯善吐峪沟

和生气，在中国思想史上产生了深远的影响。随着外来文化的东来，富有古希腊艺术内涵的佛教雕塑、绘画开始在天山南麓诸地出现。汉末石窟壁画，以及大量的汉文记载都表明，当时西域的音乐舞蹈艺术已有相当高的水平，并且给予内地以很大的影响。

魏晋时期的西域

 中国通史中将公元 220 年曹丕建立魏国至公元 581 年杨坚建立隋朝（581—618）之前的这段历史称之为"魏晋南北朝"时期。这 360 多年是中国历史上一段分裂割据时期，边疆各族相继挺进中原并建立各种政权，中原地区分成若干个地方政权，战乱频繁，政权更迭，民族的融合组建速度加快。这种形势对西域政局的变化同样产生了很大影响。

 魏晋南北朝时期，西域各地政局与内地一样，处在一个纷争割据的动荡时期，同时也是一个民族大迁徙、大融合的时期。经过一段时间的激烈争斗之后，西域形成鄯善、高昌、焉耆、龟兹、疏勒、于阗等几大势力范围。与此同时，柔然、嚈哒、悦般、高车、吐谷浑等北方游牧民族相继进入天山南北各地，进行局部性的管辖和治理，特别是高昌麹氏政权对吐鲁番盆地近一个半世纪的统治，将中原地区的政治和文化传播到了西域地区，使西域的民族文化面貌出现巨大变化。诸部落、民族的迁徙和交流不仅使西域地区的族群成分更为复杂，还使该地呈现出局部性的统一，为后来唐朝统一天山南北奠定了政治基础。这一时期色彩斑斓的西域文化成果在中国历史上具有特殊的意义。

 魏晋南北朝时期的中原诸王朝，特别是西北地区各个地方政权为了打通丝绸之路，拓展其势力范围，都曾将其势力范围延伸至天山南北各地，西域各地则自视为中原王朝的一部分，不断派遣使臣，前往中原朝贡方物，竭力维护两地间的政治及贸易往来联系，为推进西域同中原地区的经济文化交流作出了贡献。

"郡县制"的推行

 魏晋南北朝时期，西域各地政局动荡，但依然与中原诸朝保持着密切的政治经济关系。

 这一时期中原地区对西域的管辖以三国时期的曹魏政权为最早，

魏承汉制，曾于文帝黄初二年（221年）置西域戊己校尉，治设高昌（位于今吐鲁番），于明帝太和年间（227—232）复置西域长史，治设海头（今罗布淖尔东北），根据史书记载，当时西域各地"无岁不奉朝贡，略如汉氏故事"。

凉都高昌太守沮渠封戴墓表

司马炎建立西晋（265—316）后，凉州刺史辖下的戊己校尉专门守护西域，"如汉故事，至晋不改"，晋朝在西域还设立"校尉""都尉"等职官，并给当地诸部落首领册以爵位和封号，还经常向鄯善等地赏赐耕牛，帮助当地农民从事生产，以维护晋朝对天山南北各地的统治。这一时期，内地不少农民迁居西域，在此从事经商活动的汉人也很多。文物工作者曾在鄯善的楼兰、海头等地发现许多汉文木牍、木简和纸文书，其中一些明确标有晋朝皇帝的年号，表明汉字应当是当时该地流行的官方文字。

西晋之后，中原地区大乱，河西地区出现一些割据政权，诸如汉族张氏前凉、氐族吕氏后凉、汉族李氏西凉、匈奴沮渠氏北凉、鲜卑秃发氏南凉等政权，他们一当势力强盛，都曾将其政治影响扩散到流沙以西，天山南北各地先后成为河西诸凉王朝疆域的一部分并归其所辖。

西晋初年，内地战乱不息，不少中原汉人经过河西走廊，逃难迁居吐鲁番一带，他们与汉代屯田士卒相汇集，使高昌壁迅速繁兴起来。公元327年左右，前凉政权创建者张骏发兵西征，讨伐西晋设在高昌地区的西域戊己校尉赵贞，高昌城陷落，"（张）骏击擒之，以其地为

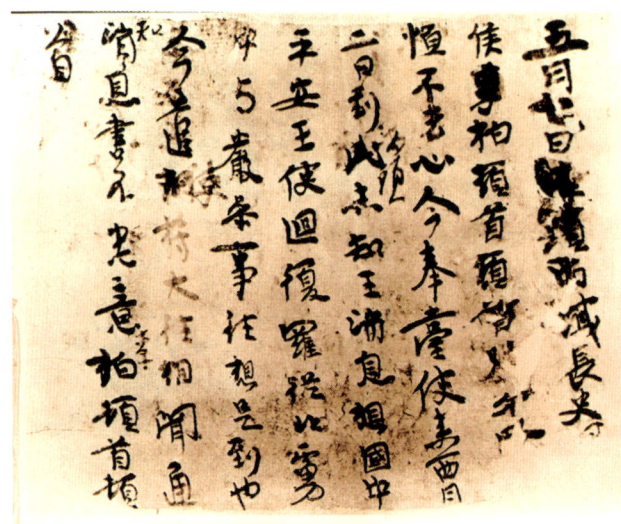

楼兰发现的李柏文书

"高昌郡"，下设田地县、横截县、高宁县，县以下设乡、里。高昌郡下设县，县下有乡、里，郡置郡守，县设县令，乡有啬夫，里有里正。这是西域推行内地通行的郡县制的开端，它表明西域的政治管理体制与中原内地开始趋于一致。自此至北凉沮渠氏建国高昌后废郡，中经前秦、后凉、西凉、段氏诸政权，高昌一直是凉州或沙州下辖的一个郡。

公元386年，鲜卑中的拓跋部建立了统一中国北方各地的北魏（386—557）政权。至435年，西域各地的龟兹、乌孙、悦般、鄯善、焉耆、车师等因为不满当时称雄西域的柔然的控制，纷纷派遣使者前往北魏朝贡，北魏曾派王恩生、许纲等一行12人出使西域，但是中途为柔然所阻断。439年，北魏复派董琬、

龟兹小铜钱（南北朝时期）

"五星出东方利中国"织锦

高明等人到西域联络各地共同对付柔然。445 年后，北魏大军先后打败了各地割据势力，将鄯善、焉耆、龟兹等地悉数归其管辖，西域各地震动。为了加强对各地的治理，北魏还设立了鄯善、焉耆两个军镇，"赋役其民，比之郡县"。

北方强族南下西域

东汉灭亡以后，在西域政治舞台上活动过并先后建立政权的古代民族主要有柔然、高车、嚈哒和突厥等。他们基本上都是北方一度强盛的游牧族群，在西域的政治活动一定程度上改变了天山南北各地的民族分布格局和文化面貌。

突厥石人，今昭苏县境内。

柔然亦称蠕蠕、茹茹，是中国古代北方游牧民族之一。其族源可能是属于东胡系，其祖木骨闾，初为拓跋鲜卑的奴隶，后逃入山林，子孙繁衍，另为部族，以郁久闾（木骨闾）为姓。至其子车鹿会时期，"始有部众，自号柔然"。当时的北魏统治者"以其无知，状类于虫，故改其号为蠕蠕"，这显然是一种侮称。

公元402年，社仑任柔然首领，势力日渐强盛，遂兼并周邻其他弱小部落，建立柔然汗国，同拓跋鲜卑争夺势力范围。其势力所及，"西则焉耆之地，东则朝鲜之地，北则渡沙漠、穷瀚海，南则临大碛"。社仑自号丘豆伐可汗，在此期间，始立军法，以千人为军，军置将一人；以百人为幢，幢置帅一人。至414年大檀继承汗位后，势力达到鼎盛，攻取西域地区的伊吾、高昌等地。柔然历任可汗都与北魏关系密切，时而称臣，时而双方争夺地盘。552年，阿那瓌时期，突厥人兴起，柔然为突厥所败，大部分融入突厥中。

悦般，一说汉代溃败的北匈奴留滞该地残余同当地其他部落混合而成的古族。初与柔然结盟，迫使乌孙人西迁，遂据其地，并以焉耆为界同柔然人抗衡。不久，双方失和，征战不停。悦般时有部众20余万人，归属柔然后，悦般王曾率数千人行至柔然国，"欲与大檀相见，入其界百余里，见其部人不浣衣，不盘发，不洗手，妇人口舌舔器物，王谓其从臣曰'汝曹诳我，将我入此狗国中'，乃驰还。"之后，双方关系开始紧张，征战不休。

吐谷浑，原为鲜卑徒河部人，以该部首领名而得名。初活动在西拉木伦河流域，公元4世纪后迁至今天的甘、青东南部一带，部众遂渐繁盛。公元5世纪，吐谷浑势力延伸至和阗、鄯善和且末，甚至远及帕米尔高原中的罽宾等地，之后不久，其部溃散，大批吐谷浑人散居罗布泊一带。同时代一些中外文献中记载的"阿豺虏"即指该部。

嚈哒，一称"滑"，汉文记载为车师一部，一说源出塞北，可能与乙弗鲜卑人有渊源关系。公元4世纪，嚈哒人越过阿尔泰山南下，占踞了阿姆河流域贵霜王朝中心地带，并建立了强大的地方政权，以王姓称国名。5世纪后期，帕米尔东部各地的疏勒、于阗、龟兹、焉耆俱归他们所辖。

高车，系当时北朝人对于漠北草原一部分游牧部落的统称，因其所乘车轮高大、辐数很多而得名。南朝人称其为"丁零"，漠北草原各部则称其为"敕勒（铁勒）"。经研究，高车人应为北方赤狄后代。高车下属六大部落，分别是狄氏、斛律氏、解批氏、护骨氏、袁纥氏和异奇斤氏。其中的袁纥氏，后人考证他们就是隋唐时期回纥人的先人。高车人在漠北时期曾为柔然所统辖，长期受柔然欺压。公元487年，高车十二姓之一的副伏罗部因不满柔然社仑可汗向高车各部征兵，十余万落高车人在部落首领阿伏至罗和堂弟穷奇率领下西迁至今乌鲁木齐一带，建高车国，阿伏至罗自称大王，穷奇被封为副王。高车人打败柔然可汗的追兵，南征焉耆、鄯善、龟兹、于阗诸地，称雄于西域东部，公元490年，阿伏至罗派遣使者前往北魏，欲同北魏联盟对付柔然，双方关系交往十分频繁。后不久高车又吞并高昌地区。高车国存在的时间不长，公元541年，因受到来自西部的嚈哒与南部的吐谷浑人的夹击，实力受挫，高车国终为柔然所灭。

突厥可汗与粟特萨博饮宴图，出土于陕西省安伽墓。

突厥，最初游牧活动在今天的俄罗斯境内的叶尼塞河上游地区，公元5世纪迁移到阿尔泰山后开始勃兴。相传突厥人因活动居住的金山（阿尔泰山）形似兜鍪（指戴在头上的头盔），故有此称谓。

突厥初兴时原本同其他操突厥语的铁勒诸部一样，臣属于柔然，交纳铁器为贡赋，被柔然人称为"锻奴"部落。至传说中的大叶护为首领的时期，柔然汗国渐趋衰落。突厥则由于吞并了铁勒五万帐部，以及同西魏通使，日益强大起来，到了土门继为首领之后，开始要求与柔然取得平等地位，遣使要求与柔然和亲，遭到柔然可汗阿那瓌的粗暴拒绝，阿那瓌不仅不向土门表示谢意，反而遣使者前往当众辱骂土门：你是什么东西，不过是我家的锻奴而已，怎能娶我的女儿为妻！土门大怒，杀死使者，同柔然汗国断交。公元 552 年，土门与柔然可汗阿那瓌在漠北大战，阿那瓌兵败被杀，土门夺取其西部领土，建立突厥汗国，土门自称"伊利可汗"，树汗庭于郁督军山（今蒙古人民共和国杭爱山东段）。

真正完成统一漠北草原大业的是木杆可汗（公元 555 年即汗位），突厥汗国的对外扩张也是由他开始的，他不仅完全灭亡了柔然汗国，而且东破契丹，北破结骨，令其弟室点密统兵西征，与波斯联兵，击灭了西域、中亚强国嚈哒，共同瓜分了河中乌浒水一带的领土，将其领域向西扩展到中亚、西亚广大地区。此时汗国版图正如《周书·突厥传》中记载："东自辽河以西，西至西海（今里海）万里，南自沙漠以北，北至北海（贝加尔湖）五六千里"，突厥成为继匈奴、柔然后中国北方游牧民族建立的又一个强盛的汗国。

突厥汗国控制西域各地后，分遣"吐屯"（职官名称）监护各地。公元 6 世纪中叶，突厥汗国分离为东、西两大势力，阿尔泰和天山以西为西突厥汗国辖地。今天，人们可以在东天山的巴里坤草原，以及向西延伸到阿尔泰、塔城和伊犁河谷等地一些突厥人的墓葬遗址中看到一尊尊威严雄健的草原石人雕像，它们就是历史上突厥人的真实形象，古代突厥人有死后在其墓前立石人的习俗。

西突厥汗国统一西域后，粟特九姓胡、铁勒各部以及其他一些活动在西域的北方民族，如奚、契丹、黠戛斯皆在其统治之下，西突厥可汗对他们分而治之，采取不同的统治形式，民族间的分离融合大为加快。

魏晋南北朝时期，中亚地区的粟特商人也涌入西域，经此前往内地从商，他们在塔里木盆地周围地区和河西走廊建立了一些商业据点或聚居区，这些被后人称为"九姓胡"的商人使西域的人种和族群成

分更趋复杂。

公元 3—5 世纪西域的民族间迁移和流动，推动了天山南北和塔里木盆地周围各地民族的大分化和大融合。先秦两汉时期在西域政治舞台上十分活跃的大月氏、匈奴、嚈哒、车师、高车等一些民族群体先后被其他民族归并，不见踪影。与此同时，一些新的民族组合体取代前者出现在历史舞台上。尤其是北方草原地区突厥语族系统的游牧民族南下最为突出，并开始逐渐占据西域民族的主体地位。

"汉魏遗黎"高昌国

高昌麴氏王朝是公元 5—6 世纪由西域汉人在今天的吐鲁番地区建立的第一个地区政权，也是当时西域各族地方王朝中唯一的汉人政权。

魏晋时期，高昌地区因为战略地位重要，成为河西诸地方政权竞相争夺的地方。公元 327 年，前凉王朝张骏在该地设置了高昌郡，后来 443 年，偏安于河西走廊的北凉王族沮渠无讳、沮渠安周带领残众从河西撤到吐鲁番地区，赶走当时依附于柔然的高昌城太守阚爽，于该地建立了北凉政权。北凉仅存在了 17 年，公元 460 年，柔然再度攻占高昌，灭沮渠安周，重扶阚氏后裔阚伯周为"高昌王"，之后吐鲁番地区动乱不定。其间 40 年，各种政治势力先后拥立代理人争夺控制权，你方唱罢我登场，历经阚义成、阚归首、张孟明、马儒，至 499 年，金城榆中（今甘肃榆中县）汉人麴嘉为当地民众拥立为高昌王后，该地局势方才安定下来。由此直到唐贞观十四年（640 年）被唐朝攻克，麴嘉后裔统治该地区时达 140 余年，历史上称此为"高昌麴氏王朝"时期。

高昌麴氏王朝由于其特殊的地缘政治地位，自立国以后，一直仰赖与周邻强族的政治势力斡旋之中谋生存。唐朝建立之初，还与中

央政府关系和睦。玄奘西行
途经此地受到高昌国王的迎
接款待。然而，其末主麹文
泰为了与突厥搞好关系，公
然同唐朝作对。他派兵会同
西突厥进犯伊吾，壅塞贡道，
其行为也引起辖内汉人的不
满，因为人们都渴望归属大
唐。于是唐太宗下令侯君集
率兵讨伐。贞观十四年（640
年），唐军攻克高昌，高昌麹
氏王朝覆灭。

　　麹氏家族从甘肃迁入高
昌地区后，同中原地区的关
系十分密切，所以其政治制
度以及经济文化均沿袭中原
封建王朝，行政机构如首府
设公、部，下面则置郡县。
因为通行汉文书，读儒家经
典，汉儒文化得到极大传播。

伏羲女娲绢画，吐鲁番市阿斯塔那古墓出土。

考古学家在吐鲁番地区出土的这一时期历史文物中，发现了大量的汉
文文书，其中属于麹氏王朝时期的文书数量最多，有反映其地当时的
军政管理方面的内容，有出租土地的合同、随葬物品清单和抄写的经
书、家谱等，涉及到社会生活的各个方面。这些文书说明当时的高昌
地区通行汉语汉文，奉儒家为正统，国王正殿绘有鲁哀公问政于孔子
像。积极发展经济，并自铸钱币"高昌吉利钱"。虽信仰佛教，也是
汉传大乘佛教，现今依然残存的反映这一时期的吐鲁番柏孜克里克千

高昌吉利钱，吐鲁番市阿斯塔那古墓出土。

佛洞壁画就带有明显的汉风艺术。

刻在木牍上的神秘文字

公元 3—5 世纪西域各地诸民族、部落的迁移流动和政治活动加大了各民族之间的经贸往来和文化交流，由于新疆绿洲农耕地区固有的封闭和开放性兼而有之的特点，这一时期西域地区几个大的自然区域因为政治背景不同而形成鄯善、于阗、龟兹和高昌等各具特色的文化圈。

近代以来考古工作者曾在天山南部大沙漠中发现大量镌刻着多种文字的木牍文书。经过语言学家对这些古代木牍文书的分析考释，发现当时西域各地区文化圈之间就存在着很大差异，如东晋前往印度取经归来后著成《佛国记》的法显所称：鄯善国"从此西行，所经诸国，皆类如此，唯国国胡语不同，然出家人皆习天竺书、天竺语"。鄯善、尼雅等地通行属于阿拉美字母系统的佉卢文；于阗地区则通行属于印欧语系东伊朗语支的和阗塞语，这是一种公元前 5 世纪流行于印度北部地区的古代文字，由于它的字形和驴唇非常相似，中国俗称"驴唇体"。经研究，佉卢文约在公元 3 世纪前后传入天山南部、昆仑山北部绿洲地带，对当地人们的社会生活影响很大，尼雅地区发现的佉卢文书因为都是根据本地的发音拼写的，所以被学者称为佉卢文尼雅俗语。佉卢文的使用或许同佛教文化的东传有关系，它还显示了当时西域地区居民种族来源的多元性。

龟兹、焉耆等地通行属于印欧语系、用婆罗谜字母斜体书写的龟兹—焉耆语。说起这种文字的发现释读过程，就不能不讲下国际学界广泛流传的"鲍尔文书"的故事。

原来，19 世纪中叶，今新疆比邻的印度、巴基斯坦等都是英国的殖民地，由于清政府比较软弱，所以经由印度等地进入中国新疆地区非常便利。1890 年，有一位名叫鲍尔的英国上尉在天山南部休假考察，中途接到一个命令，说一名罪犯在新疆境内逃亡，鲍尔于是受命在塔里木盆地追捕这名逃犯。行抵今天的库车绿洲，巧遇几个书贩子倒卖一些出土文书，鲍尔见到这些蝌蚪状的文字甚为好奇，于是就掏钱从书贩子手中买了一些贝叶残卷带回印度。这些奇怪的文书后经著名语言学家霍恩勒释读，发现是一种已经消失的古人使用的文字，当源自印度的婆罗谜字体，所以称之为婆罗谜字母中亚斜体，亦即一种属于印欧语系的文字系统，后人于是将这批文书称之为"鲍尔文书"。

"鲍尔文书"的发现引发了国际学术界一场风波，并且随着后来

龟兹文木简，南北朝至隋朝，克孜尔石窟第89—10窟。

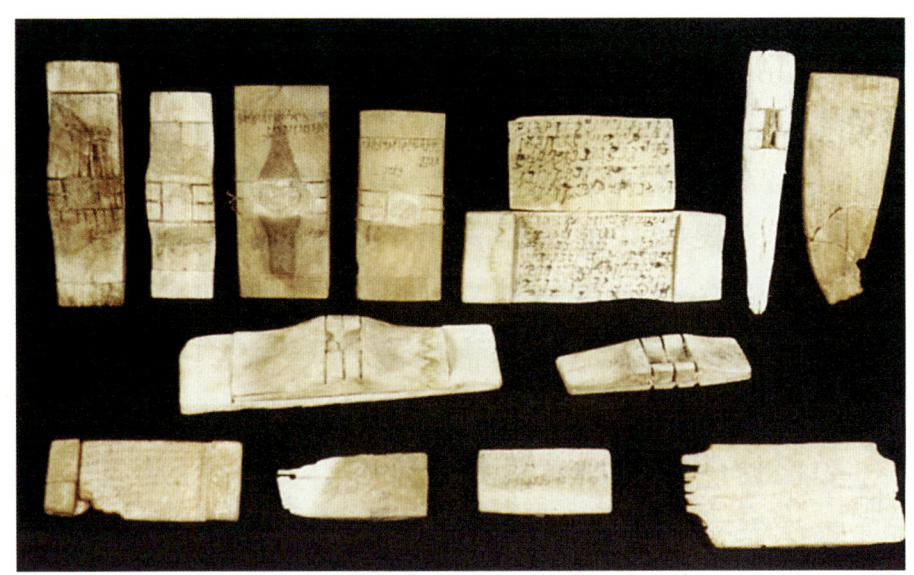

尼雅遗址出土的佉卢文木简

资料的增多，人们对这种文字体系有了越来越多的认识，争论越来越激烈，例如，语言学家认为当时的龟兹和焉耆两地使用着同一种文字，但是所用语言则是同一种文字的两种方言：德国学者定此为吐火罗语，焉耆地区使用的是吐火罗语 A 方言；龟兹地区是吐火罗语 B 方言。法国学术界则不同意这种划分，将前者定名为焉耆语；后者为龟兹语。作为一种原始印欧语言中的独立语言，龟兹—焉耆语使用年代范围从3 世纪延续到 8 世纪。在今库车等地先后发现以这种文字书写的纸质文书、木简以及佛教石窟里的题记和题刻等。

汉佉二体钱

不仅如此，为顺应当地商品贸易发展的要求，西域地区还出现了佉卢文—汉文、龟兹文—汉文二体钱币。它

54

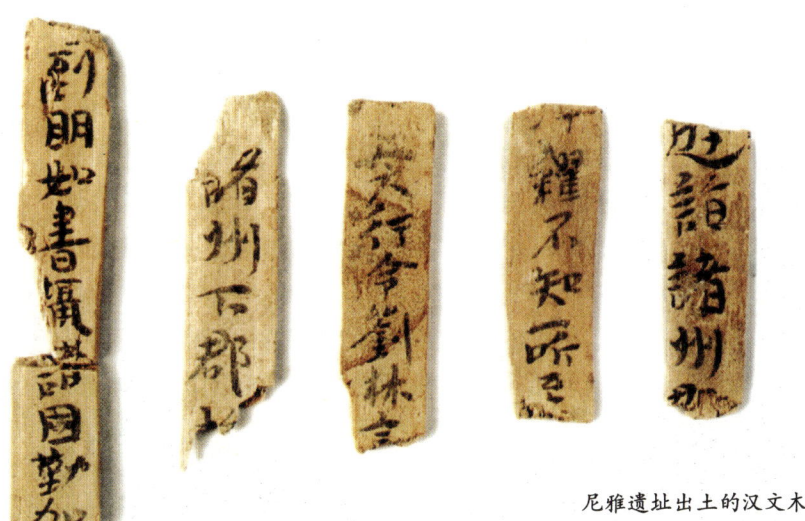

尼雅遗址出土的汉文木简

们都应是本地铸造的钱币。像龟兹文—汉文二体铜质钱币完全模仿汉朝的五铢钱，天圆地方，两面分别铸有汉文、龟兹文两种文字，学术界称之"汉龟两体钱"，这种货币在今天的库车等地多个遗址出土，总数达万枚以上。

绚丽多彩的佛教文化艺术

魏晋时期西域的宗教信仰呈多元状态，佛教、祆教以及萨满教等并存发展，但佛教占据主导地位。

佛教于公元前 6 世纪由释迦牟尼在印度创建，约在公元前 1 世纪前后，经克什米尔（当时的迦湿弥罗国）传于西域。最早传入的地区是与印度毗邻的和阗。大月氏人建立的贵霜王朝兴起后，伴随着大月氏人在西域各地的游牧流徙，佛教在这一地区获得进一步的传播和发展。佛教在西域各地传播过程中，与时俱进，充分吸收了本地原有宗教的形式和仪规，进而使佛教很快在西域深入民间，扎下了根。至魏晋南北朝时期，西域佛教的发展进入鼎盛时期，鄯善、于阗、龟兹、

苏巴什佛寺遗址，位于今库车县。

高昌等地香火甚盛，寺院林立，东晋佛僧法显在其《佛国记》中记载：
"（鄯善）其国王奉佛法，可有四千余僧，悉小乘学"，"（焉耆）僧亦
有四千余，皆小乘学"，"（于阗）其国丰乐，人民饮盛，尽奉佛法，
以法乐相娱，众僧乃数万人，多大乘学"。20 世纪初，曾有日本大谷
探险队在吐鲁番盆地鄯善县境内的吐峪沟石窟发现晋元康二年（292
年）译成的《诸佛要集经》抄本残卷，依据该经跋文揭示，此抄本系
世居敦煌的佛僧竺法护所译，说明 3 世纪末高昌地区佛风甚盛。

　　在将佛教经典译介给中原地区的过程中，西域僧人起到重要的桥
梁作用，以鸠摩罗什为代表。后秦弘始三年（401 年），鸠摩罗什被
后秦王姚兴迎至长安，待以国师之礼，主持译经，连同其弟子共译经
35 部 294 卷，极大推动了中原地区佛教般若学研究，在中国佛学史
上占有重要的地位。

　　随着佛教的传播，佛教文化艺术也播及西域各地。原来，印度佛

教从发源地向外传播过程中，其间受到外来文化的影响和渗入，例如与希腊、波斯等文化相融合，产生了著名的犍陀罗佛教艺术。今天位于巴基斯坦白沙瓦境内的犍陀罗石窟艺术群最为著名。犍陀罗佛教艺术由于后来贵霜王朝强大势力的推进，也进入西域地区，并对当地文化艺术的演进发展产生了深远影响。《出三藏记集》中记道，这一时期的龟兹国"寺甚多，修饰至丽"讲的就是该地多处艺术精湛的佛教石窟艺术，西域地区著名的克孜尔千佛洞、柏孜克里克千佛洞等的大规模开凿和修建大体都在这一时期。

石窟寺的修造最初是佛徒们为纪念佛祖而用，之后则演变成为佛徒们静思修行的处所，在石窟寺里也出现了按照佛教教义要求而雕塑的佛、菩萨、护法天神、比丘以及供养人等艺术造像，还出现了极具形象动感的佛教内容的壁画作品。龟兹境内的克孜尔石窟寺（一称千

克孜尔石窟遗址

57

佛洞）应是今新疆地区最大的石窟寺，同时也是中国最古的石窟寺。克孜尔石窟寺现存有236个石窟，其初凿于公元4世纪，石窟种类繁多，结构复杂，壁画内容早期以小乘为主，后期也加入了大乘教义。后人研究认为，龟兹造像形式和绘塑手法具有显著的"犍陀罗艺术"风格，但是聪明的龟兹本地艺术家根据需要对此进行了创新，例如他们将具有印度石窟寺的凹凸法与中原地区的线条画结合起来，使得壁画形式更加流畅丰富，栩栩如生，一定程度上反映了佛教艺术在与西域文化融合后出现的新气象。

伴同佛教文化艺术进入西域并形成独特风格的还有乐舞艺术。古代西域乐舞艺术的成就应是其长期以来博纳众长、汇聚百川的自然结果。西汉时期，当时的龟兹王绛宾就接受了汉朝赐封的"车骑旗鼓、歌吹数十人"，并以吸收汉朝的礼乐制度为荣。魏晋时期佛教的传播推动了印度等地乐舞艺术的进入，促进了西域地区音乐舞蹈的变化和发展，克孜尔石窟寺38窟里著名的《天宫伎乐图》残留28身伎乐，曾被人称为"伎乐窟"。该地出土的"舍利盒乐舞"上众多婀娜多姿

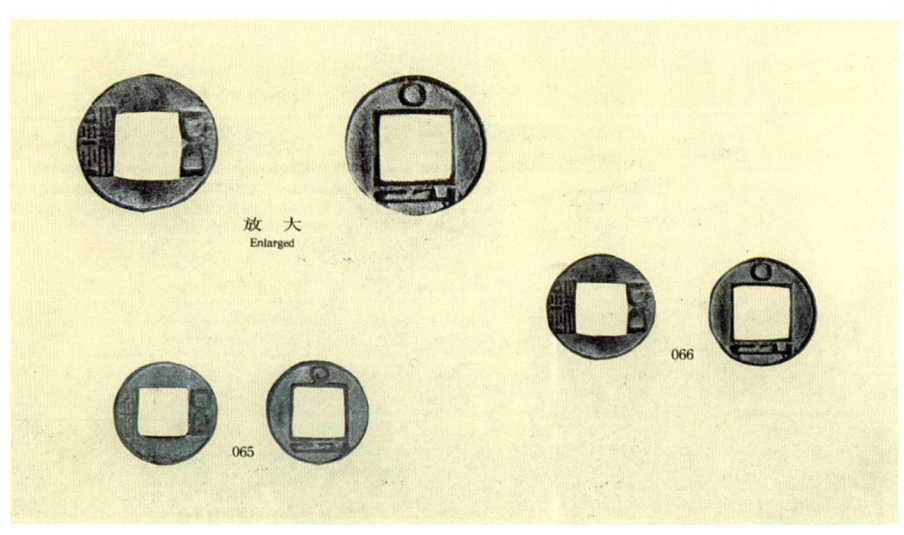

汉龟二体五铢钱，库车县出土。

带翼天人像壁画，出土于若羌县米兰遗址。

的乐舞者的真实形象进一步丰富了这方面的内容。唐朝初年高僧玄奘路经龟兹时，在目睹当地歌舞升平的繁盛景象后，留下了"管弦伎乐，特善诸国"的由衷感慨。至于西域地区所流行的"胡旋舞"则依据古代中亚康国的舞蹈形式改编，"胡腾舞"受到粟特人的影响，"狮子舞"和"假面舞"则是由波斯传入改进的。

西域乐舞艺术的发展对于中原地区音乐舞蹈的进步也产生了重要影响。公元 384 年，吕光西进伐龟兹，曾将当地的乐人带到凉州，此当为龟兹乐舞传入内地的最早的文字记载。后来"龟兹乐"同河西地区的汉族以及其他民族乐融会形成了"西凉乐"，广泛流传于民间。之后，真正的"龟兹乐"复传入内地，魏晋时期流传内地甚广。西域乐舞流传内地后，经过不断的改造，最终融合在汉族等其他民族的舞蹈形式中，如"狮子舞""鼓舞"等，今天就已经成为汉族节庆期间不可或缺的民间表演内容。

大唐盛世之下

隋唐时期应是中国封建社会的强盛阶段，尤其是唐朝对天山南北各地的管辖经营，无论其规模还是内涵都超过魏晋，远迈两汉，无疑是盛唐时代的一个缩影。西域各族人民为边疆地区社会经济的进步发展，为唐朝当时世界领先地位的确立都作出巨大的贡献。

公元 6 世纪末，杨坚建元开皇，隋朝宣告建立。中原大地连绵长达数百年的社会动荡局面宣告结束，中国历史进入一个新的统一时代。隋炀帝即位之初，边疆各族纷纷派遣使者前往隋朝进贡方物，以示归属。为了打通西域交通，炀帝派遣吏部侍郎裴矩到张掖、武威主管与西域的互市贸易，并调查了解西域区情。公元 608 年，隋朝大军击败天山东南部的吐谷浑，进驻伊吾，建筑城郭，之后设立了鄯善、且末、伊吾三郡，"谪天下罪人，配为戍卒"，"大开屯田，发西方诸郡运粮以给之"。不久，西突厥派遣使者到中原自称臣属，两地之间交通畅达，西域各地前往中原朝贡者不绝于途，"相率而来朝者三十余国"。隋朝为招徕边疆各族，更是下足了工夫，史籍称："（炀）帝以诸藩酋长毕集洛阳，于是端门街盛陈百戏，戏场周围五千步，执丝竹者万八千人，声闻数十里，自昏至旦，灯火光烛天地，终月而罢，所费巨万，自是岁以为常。"（《资治通鉴》）隋朝的政治影响扩散至天山南北。

隋炀帝大业五年（609 年），高昌王麴伯雅及伊吾城主吐屯设至隋朝进贡方物，皇帝高兴至极，在宫殿上"盛陈文物，奏九部乐，设龙鱼曼延"，设宴会款待，并下旨授麴伯雅左光禄大夫、车师太守，封弁国公。（《隋书·高昌传》）次年，复将宗王女华容公主嫁给麴伯雅为妻。炀帝的热情款待竟唤起麴伯雅久已忘怀的故乡记忆，高昌王归国后竟令其庶民恢复往日汉人的生活习惯，并且每年派遣使臣到隋朝贡献方物。

唐僧取经

"唐僧取经"的故事在中国可谓妇孺皆知，很多西方人对中国文学的了解最初也是从读《西游记》开始的。明代（1368—1644）吴承恩《西游记》中的唐僧是以唐代西行印度取经的佛僧——玄奘为其人物原型，在民间流传的唐僧取经故事和有关话本、杂剧基础上，重新创作塑造的一个文学人物。

唐僧玄奘西行取经，就其性质而言，实际上就是到国外学习异域文化，以更加充实、发扬中原的汉儒文化，极类似于今日的出国留学。从一定意义上说，玄奘应该说是今天中国留学生的先驱。

佛教约在公元前后传入新疆，经此又东传中原地区。古代宗教往往是文化的载体，佛教文化的东传对推动东西文化的传播交流起了很重要的积极作用。由于佛经进入中国，多由位于丝绸之路中介沿途地区的人们辗转传来，并非全是梵文，多为本地语言译本，如吐火罗、焉耆、于阗等文字，史书中所谓"梵书胡本"就是这个意思。正由此，最初的汉译佛经极不完善。一些佛僧为此深感遗憾，于是决心西行取经，以求得该佛经之原本。这就是自魏晋南北朝时期起大批中原佛僧西行取经的文化背景。

慈恩唐三藏玄奘法师

史籍里记载的内地最早的西行取经者应该是魏晋时期的朱士行，但他最远只到达今天的于阗地区。尽管如此，正如有人所言：朱士行"虽仅至于阗，未至印度，

63

吐鲁番出土的回鹘文《玄奘传》，亦即汉文《大唐三藏法师玄奘传》的译本。

然其所欲求者，则为印度学也，故先序之于此，为以后往天竺者之先导也，士行可谓中国第一出国境往外国求学者"。朱士行之后，又有东晋佛僧法显等人的西行求法活动，陆续将中原佛僧西行求法活动推向一个高潮。迄唐代，伴随着佛教在中原地区的日益发展，佛僧西行取经更成为无法遏止的热潮，"西行求法者，或意在搜寻经典，或旨在从天竺高僧亲炙受学，或欲睹圣迹，作亡身之誓，或远诣异国，寻求名师来华。"（汤用彤《汉魏西晋南北朝佛教史》上册）当然，在这些冒险西行到印度取经留学的莘莘学子中，玄奘无疑是经历最险奇复杂、社会影响最大的一位。

玄奘，本名陈祎，法号玄奘，河南堠氏县（今河南偃师县）人。玄奘幼年时，父亲过世，家境艰难，10岁便随着二哥到洛阳净土寺做沙弥。及成人，由于其聪慧过人，刻苦勤奋，拜读于当时多位高僧大德门下，所以年龄不大就对佛教经典理论有着较高造诣，被时人称之为"释门千里之驹"。在研究佛经的过程中，玄奘对印度大乘教内的瑜伽宗产生了浓厚兴致，而阐释瑜伽宗的最主要的经典是《瑜伽师地论》，当时国内尚阙，致使玄奘的探索无法继续深入，于是，他"誓游西方，以问所惑，并取《十七地论》，以释众疑。"（慧立《大慈恩

寺三藏法师传》)

　　唐朝贞观元年（627 年），玄奘夹混在流民中间，贸然踏上西行旅程。说他"贸然"，盖因为此时控制西域局势的是西突厥人，唐朝还未开通西域，故对通往西域的交通实行军事管制，一般不允许私人前往。所以，玄奘西出长安，刚踏上西行路途，其私自赴西域的消息便不胫而走，并很快为官府知晓。因此，在他离开河西走廊的玉门关之前，一直受到官府追捕，沿途可谓险象环生。好在他运气不错，一路或得到佛教徒的悉心照料，或得益于苍天惠顾，所以比较顺利地走出了玉门关。之后虽无官方追捕之虞，但是却遭遇到恶劣的地理环境的严峻考验，多次陷入困境。

　　途经西域期间，他得到高昌王麴文泰的热心款待和精心照应，在伊塞克湖边，西突厥的叶护可汗更是给了他所需的各种照顾，从而使其顺利地通过了天山南北各地，到达西行取经的目的地——印度。

　　玄奘抵达印度后，尽历五天竺，遍参众师，瞻礼圣迹，广学经论，并在当时中印度的最高学府那烂陀寺得到硕德戒贤的指导，后因其学识凸显而被奉为十大德之一，并在后来有当时印度十八国王和高僧参加的六千余人的曲女城学术辩论大会中标举论宗，深得众望，赢得所谓"大乘天"和"解脱天"的称誉。迄贞观十九年（645 年）东归长安。

　　玄奘西行取经，历时近 20 年，经行 5 万余里路，历 130 多个国

彩绘有翼童子舍利盒，木质，库车县苏巴什佛寺遗址出土，现藏日本东京国立博物馆。

家。携印度佛教经籍凡 520 夹, 657 部。唐太宗敕于长安城筑修慈恩寺, 专门用于收藏存放玄奘带回来的佛经。值得一提的是, 玄奘西行归来后, 奉唐太宗之命还撰写了《大唐西域记》一书, 详述其取经沿途"所闻所见百有三十八国"的距离方位、民族分布和社会状况, 是反映古代中外关系史最重要的著作。唐高宗麟德元年 (664 年), 65 岁的玄奘圆寂于长安玉华寺内, 当时前往送葬的有 100 多万人, 可谓"万人空巷"。

玄奘的探险经历后来鼓舞和激励了一代又一代中外旅行家前往西域进行探险活动。玄奘死后 12 个世纪, 1901 年, 有一位带有犹太血统的英籍匈牙利人——奥里尔·斯坦因就是手捧《大唐西域记》, 沿着玄奘当年走过的路线, 行进在印度、中国两地之间从事考古探险, 并奉献其毕生, 这位英国探险家称誉玄奘为自己探险路上的守护神。

侯君集奉命收复高昌

公元 7 世纪, 唐朝代隋而兴, 贞观五年 (630 年), 突厥颉利可汗在位时期, 自然灾害频仍, 唐朝大举进攻, 东突厥实力受挫, 余部纷纷归降。唐朝将其主要安置在定襄 (内蒙和林格尔北) 等地。西域各族为之震动, 各地首领纷纷要求归附, 尊唐太宗为"天可汗"。公元 630 年, 伊吾 (今哈密地区) 城主率所属七城自愿归顺唐朝, 唐朝置西伊州 (后改称伊州), 西域门户洞开, 高昌、焉耆、龟兹、疏勒等纷纷效仿。

若按上述形势正常发展, 天山南北依然归属唐朝, 但是此间控制西域局势的西突厥贵族并不想让唐朝进入, 并且不断阻挠中西交通, 企图永久性地霸占丝绸之路的控制权, 于是同正力图向西拓展势力范围的唐王朝发生了冲突。

唐朝统一西域进程是从平定高昌王国之役开始的。公元 640 年,

赤亭遗址，今鄯善县境内。

唐军首度出兵渡过沙漠，直奔吐鲁番盆地，击败了追随突厥反唐的高昌麹氏王国，高昌归唐朝所属。从前，以吐鲁番地区为中心地的高昌麹氏王国是一个汉人政权，唐初与中原地区关系密切，武德时国王麹伯雅死，唐朝派使者临吊，继任高昌王麹文泰曾亲往长安朝贡，唐太宗还赐给李姓，封文泰妻为长乐公主。但是，高昌地区的特殊战略地位也使其易受到周边局势的影响，此间由于西突厥可汗对高昌施加压力，迫使麹文泰走向与唐朝作对的局面。高昌王不仅阻塞唐朝通道，扣押由于突厥战乱而跑到高昌等地的唐朝边民，还协同西突厥掠夺周边焉耆等地。唐朝派遣使者与麹文泰交涉利害，好言相劝，但麹文泰认为中原距离西域道路遥远，唐朝不会拿他怎样，竟狂妄地言道："鹰飞于天，雉窜于蒿，猫游于堂，鼠安于穴，各得其所，岂不快邪"，不仅如此，他还挑拨薛延陀与唐朝之间的关系，公然对抗唐朝。唐太

蒲类州印

宗闻知此事异常恼火，于是命令大将军侯君集发动了名为"交河道行军"的军事行动，战略目的就是攻占高昌地区，以打通中原地区与西域的通道。

唐朝的军事行动顺应了高昌地区各族民众渴望社会统一、稳定的要求，其间在高昌各城流传一首民谣："高昌兵马如霜雪，汉家兵马如日月。日月照霜雪，回首自消灭。"坊间民谣一定程度上折射了当时的社情民意，反映了高昌地区各族民众对于统一局面的向往。

听闻唐朝大军已经围城，攻势在即，麴文泰惊恐而死。其子麴智盛被迫开门出降，高昌地区归属唐朝。交河道行军大总管侯君集留兵屯驻交河城，唐朝在此设置西州管理民政事务，又建庭州于可汗浮图城（今吉木萨尔县），同年置安西都护府，府治设在西州，这是唐朝在西域建立的第一个高级军政管理机构。从汉晋以来持续未断的中原地区汉文化由此得到发扬光大。

《弈棋仕女图》，吐鲁番市阿斯塔那古墓出土。

安西都护府的建立

　　公元 6 世纪中叶，突厥汗国分裂为东、西两部分后，西突厥活动的中心地带在西域及以西各地。初，西突厥与唐朝的关系还是不错的，历代可汗都接受唐朝的委任册封。贞观初年，唐玄奘到印度取经，还受到西突厥的统叶护可汗的盛情款待和迎送。但是，统叶护可汗死后，乙毗咄陆夺得汗位，奉行反唐朝政策，双方关系恶化。为阻止唐朝统一西域的历史进程，西突厥可汗与高昌麹氏王朝相勾结，妄图牢牢控制住高昌这个丝绸之路的要冲，于是才有了公元 640 年唐太宗派遣大将侯君集率兵平定高昌麹氏王朝之役，包括西突厥治下的庭州在内的东疆广大地区都归唐朝所属。

　　西突厥可汗不甘心失败，又以龟兹（今库车）为防线，妄图继续维护其对西域地区的统治。经过充分的准备，648 年，唐朝发动了名

龟兹古城遗址（今库车县）

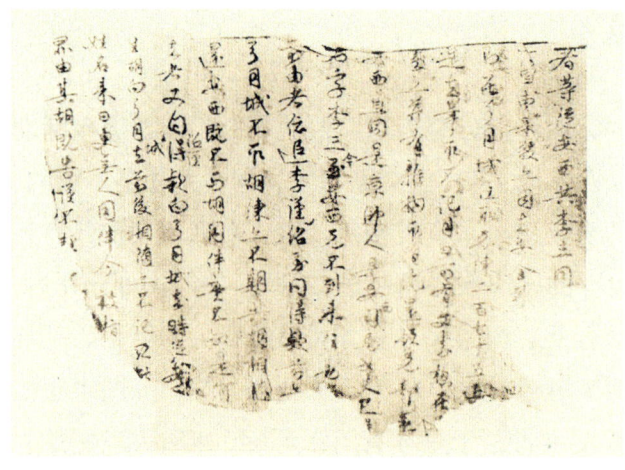

高昌县上安西都护府牒，吐鲁番市阿斯塔那古墓出土。

为"昆丘道行军"的军事行动，总统大军、担任行军道大总管的是身为唐太宗女婿、长公主驸马的东突厥王子阿史那社尔，下隶五路行军总管，后复加上西突厥的阿史那贺鲁，共六道，分南北两路分进合击，在西域各地民众的援助下，唐朝先后打败了西突厥的处月、处密部落，攻取了西突厥占据的龟兹、焉耆等军政要地。西域大部尽归唐朝之下。随之唐朝置立焉耆、龟兹、毗沙、疏勒等都督府，府下领藩州若干。次年迁安西都护府于龟兹城，并置龟兹、于阗、疏勒、碎叶（今吉尔吉斯斯坦托克马克）四个军镇，史称"安西四镇"。唐朝对西域各地的统一管辖局面基本形成。

《步辇图》。此图为唐太宗坐在步辇上接见少数民族首领的情景。协调民族关系、保证国家统一和边疆地区安定，是秦汉以来历朝君主一项重要的治国策略。

通古斯巴什古城遗址（新和县）

　　唐高宗初立，降归的原西突厥首领阿史那贺鲁其兵叛唐，率众西徙，建牙帐于双河及碎叶。唐朝再度发兵平叛，显庆二年（657年），唐将苏定方、阿史那弥射南北合击，最终平定了西突厥之乱，西突厥全境及所属中亚诸地皆归唐朝，西域诸国均归唐朝所属。在平叛过程中，唐朝将安西都护府升级为大都护府，又于658年在西突厥五咄陆部设立了昆陵都护府，在西突厥的五弩失毕部设立了蒙池都护府，以"分其种落，列置州县"。两个都护府于720年北庭都护府建立之前，皆归属安西都护府管辖。自此，突厥汗国全部归唐。

　　突厥汗国覆灭后，682年前后又有已降的突厥王族后裔阿史那骨笃禄叛变，势力逐渐强大，史称"后突厥汗国"时期。突厥人的这次

仕女图绢画，吐鲁番市阿斯塔那古墓出土。

叛乱一直持续到 745 年，是年，后突厥汗国最后一个可汗——白眉可汗被回纥首领骨力斐罗所杀，突厥人大部分归属于回纥，一部分落居灵武（宁夏）和内蒙古一带地区，还有一部分则西迁到中亚和西亚地区，他们的后裔后来建立了阿富汗的哥疾宁王朝、中亚的塞尔柱突厥王朝，以及奥斯曼突厥王朝等，进而宣告活动了近半个世纪的后突厥灭亡。从此，突厥人在中国北方退出历史舞台。

公元 622 年以后，吐蕃势力进入西域，西突厥残余依附之，四镇失守，唐朝遣军光复四镇。702 年，为加强对天山北部的管辖，武则天在位时又置北庭都护府以替代不久之前撤销的昆陵都护府，府治设在庭州（今吉木萨尔县）。景龙三年（709 年）改置北庭大都护府，从而标志着以庭州为中心的天山北麓地区在军政体制上已另为一域，其管辖范围以天山以北和巴尔喀什湖

彩绘劳动妇女俑，吐鲁番市出土。

广大地区为主，安西大都护府这时只管理天山南部和葱岭以西的广大地区。唐玄宗年间，唐朝置碛西节度使一职，凌居安西、北庭两大都护府之上，是当时全国八大节度使之一。

从唐朝在西域设立的军政机构和职官体系不难看出，唐朝对西域诸地的管理实际上是实行一种二重化的建置体制，即实行藩汉分别管理制度。在汉民集中居住的地区，主要是指伊州、西州和庭州等地，政治上采用与内地一样的府州县乡里行政管理制度；经济上推行均田制（按人口分配土地的制度）与租庸调制（唐代的赋税制度）；军事上实行府兵制（唐朝的兵制）。吐鲁番等地就考古发现了大量上面盖有高昌县、天山县、蒲昌县和柳中县官印的汉文文书，这几个县当时都归属于西州。"氾得达告身""张无阶告身"的出土则更具体地反映了唐朝职官制度在该地实施的情况，"告身"即指唐代的干部任命书。该地发现的专门登录户口和田亩情况的"手实"文书，实物税"庸调

拓厥关遗址，库车县境内。

73

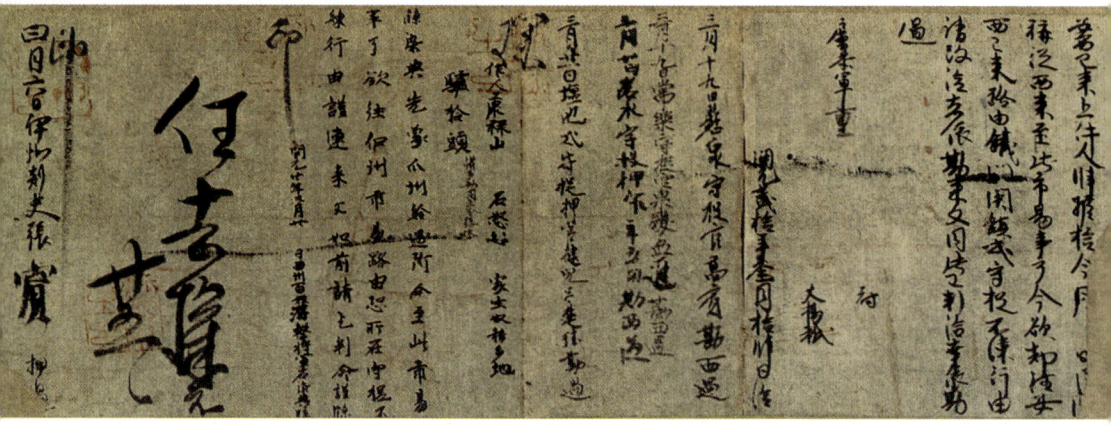

唐开元二十年石染典过所，吐鲁番市阿斯塔那古墓出土。

布"以及著名的"西州营名籍"文书则是唐朝经济、军事制度在这一带地区推广实施的有力证据。唐朝政府在非汉民生活聚居区，大致是所谓都督府、州地区，则推行"羁縻"政策，其特点就是继续保留当地本民族首领的行政管理制度，假以唐朝官职名号，按其部落的大小、地位和声望的高低，授予刺史以下的各级官职，并颁发印信文契，作为行使职权的依据，"准其部落大小，位望高下，节级授刺史以下官"，并"各给印契，以为徵发符信"，其职位还可以世袭，同时允诺其以旧俗治理部众，所收贡赋不入户部。

唐代长安与西域文明

唐朝统治时期，天山南北政治统一、社会稳定，促使各地经济发展，社会面貌发生了极大变化，各民族间的交往融合程度空前加强。北疆传统的游牧地区开始出现农业。在南疆的绿洲农耕、城郭地区以及天山北部的吐鲁番、吉木萨尔等地，由于政府实施大规模的屯田、移民举措，以及新的生产工具的推广使用，农业经济得到进一步发展，生产关系和社会结构也随之发生了一定程度的变化。在手工业方面，有铁、铜、钢、金、银等金属的开采冶炼和加工，银钱铜币的铸制，高昌的棉织品——白叠、毛布，龟兹毛织品都畅销区内外。造纸业、皮革加工、金银玉雕工艺都有一定进步。

唐代西域商业活动十分活跃，两汉时期丝绸之路分为南、北两道，魏晋南北朝时期，这南北两道又发展成南、中、北三道，这三道至隋唐时期更为完善。南道是指从阳关出发，顺昆仑山北麓西行，经过鄯善（楼兰故地）、且末、于阗、叶城、塔什库尔干；中道由玉门关向西，沿天山南麓和塔克拉玛干沙漠北缘西行，经过吐鲁番、焉耆、库尔勒、库车、喀什等地西逾帕米尔高原西行；北道从玉门关西北行，经伊吾、吉木萨尔、伊犁等地到碎叶城（今吉尔吉斯斯坦的托克马克），再继续西行直到西亚和欧洲等地。

唐代丝绸之路的拓展使西域与毗邻地区的商贸交往活动更加便捷。唐朝政府在交通要道沿途设置了大量驿

镶红玛瑙虎柄金杯，昭苏县波马墓地出土。

镶红宝石金面具，昭苏县波马墓地出土。

站、驿馆等设施，往还行人和客商经过水、陆检查站时要有官府颁发的"过所"（类似护照或通行证）才能通行，这些设施和管理措施既便利了军政官员和军队的往来交通，也给过往商旅和物资流通提供了方便。唐代诗人张籍"无数铃声遥过碛，应驮白练到安西"的诗句就

生动地再现了当时中原同西域各地频繁密切的贸易往来，诗中的"安西"指的就是唐朝设置的安西都护府所在地龟兹（今库车县等地）。商品交换同样推动了货币的发行和流通，当时在天山南北各地流通的货币除唐朝钱币外，还有当地人们铸制的龟兹钱、突骑施小铜钱以及波斯等西亚国家的金、银币。

唐代西域文化艺术方面取得了超过前代的巨大成就，多种语言、文字流行反映了西域在当时国际文化交流中的重要作用。西域乐舞甚至对长安的时尚产生了巨大影响，唐代十部乐中，西域乐就有三部（疏勒乐、龟兹乐、高昌乐）。唐朝诗人李颀诗中"南山截竹为筚篥，此乐本自龟兹出"，讲的就是古代龟兹乐传入中原后对当地文化的影响。白明达、裴神符、尉迟青等西域演奏家的高超演技使中原地区为之震动，柘枝舞、胡旋舞、胡腾舞、拨头舞风靡朝野。

唐朝时期，西域佛教有了进一步发展，特别是早期经过西域传入内地的佛教，这时形成巨大回流，对接近中原地区的西域东部的佛教给予很大影响。龟兹、高昌此时香火甚盛，寺院林立，大批中原佛僧途经新疆前往西天（印度）取经。这些西域僧人在推进佛教的中国化过程中立下了汗马功劳。

佛教传入西域后对当地文化艺术起了重要促进作用，尤其是龟兹石窟，这些石窟壁画艺术遗物多角度表现了当时文化交流的盛况。龟兹石窟中的石窟种类繁多，按用途

彩绘马夫木俑（唐西州时期）

可分为礼拜窟、讲经窟、僧房窟、禅窟等。龟兹石窟主要包括克孜尔、库木吐拉、森木塞姆、克孜尕哈、玛扎伯哈和托乎拉克埃肯石窟等 6 处。石窟中线条飘逸流畅、形象生动的佛教本生故事壁画内容尤其引人注目，据专家研究，龟兹石窟的本生故事画共 150 多种，其种类在全国众多石窟里名列第一，除此，还有因缘故事、佛传故事、供养故事等为内容的壁画。龟兹石窟的内容是多方面的，其艺术价值在于开创

唐朝彩绘胡人骑马带犬狩猎俑（陕西出土）

了中国中西部地区佛教石窟艺术的先河。同时代西域画家尉迟乙僧及其父尉迟跋质那的凹凸绘画技巧影响了中原地区画风的改变，使来自印度的佛教及其文化经过西域当地佛僧的消化、融通，形成独特的本地风格，并且东传中原，给中华传统文化注入了新的活力，深刻影响

和田热瓦克佛教遗址

永昌锦，吐鲁番市出土。

了中国古代艺术的发展。

　　中原文坛中这一时期出现的以边疆戎马生涯为内容的"边塞诗"则构成唐诗中的一朵奇葩。如骆宾王"忽上天山路，依然想物华。云疑上苑叶，雪似御沟华"，岑参"君不见走马川行，雪海边，平沙莽莽黄入天。轮台九月风夜吼，一川碎石大如斗，随风满地石乱走"，颂咏了西域大漠戈壁和奇异风情，极大地丰富了唐诗的形式和内涵。

　　儒家文化以及内地本土的道教典籍也传入西域，史料记载，当时西域汉人的经学研习已纳入科举进士的轨道，像高昌等汉人聚居区

于阗文木简（和田博物馆）

都设有专门的学校。在吐鲁番出土了《毛诗》《论语郑氏注》《孝经》等儒家经典的抄本以及道教符箓、经卷遗物，其中吐鲁番阿斯塔那墓地中出土的汉文文书《论语郑氏注》残卷里面还有一个有

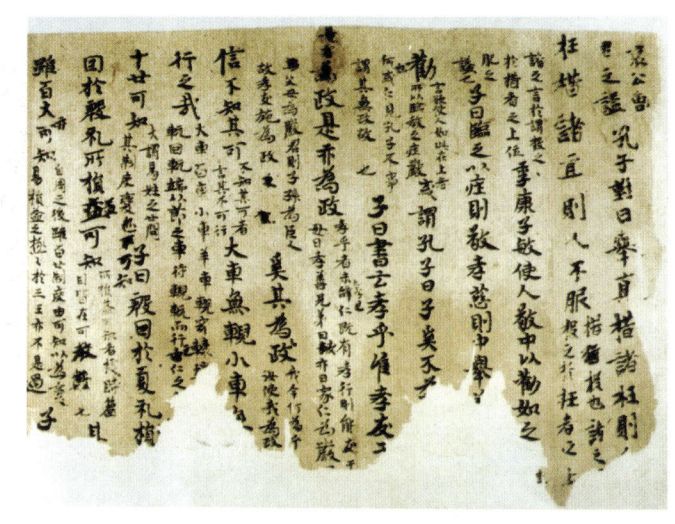

论语写本残卷，吐鲁番阿斯塔那古墓出土。

趣的故事：这件文书是唐景龙四年（710年）西州高昌县宁昌乡厚风里义学（公办学校）学生的课本，这位名叫卜天寿的学生时年12岁，非常顽皮，大概适逢周末，他急于下课后去玩耍，所以上课没有用心听讲，淘气地在课本背面写了一首打油诗："写书今日了，先生莫咸池（嫌迟）。明朝是贾（假）日，早放学生归。日落西山夏（下），潢（黄）河东海流，人（生）不满百，恒作千年优（忧）。"童言稚趣，由此可见。值得提及的是，中原地区所见最早的《论语郑氏注》抄本都是宋代的，而吐鲁番出土的《论语郑氏注》则是唐代写本，所以其本身在文物方面就具有极高价值。

盛唐时期的西域经营政策确实有可圈可点之处，尤其是唐太宗对边疆各族一视同仁、不分贵贱的观念和意识对唐朝的民族政策有深刻影响。唐朝诗人常建《塞下曲》"玉帛朝回望帝乡，乌孙归去不称王。天涯静处无征战，兵气销为日月光"，更从一个侧面反映了当时唐朝稳妥处理边疆各族关系后的实际结果。

唐朝政府对于边疆少数民族所实施的比较宽容和开明的民族政

千秋万岁宣子孙锦枕

策，顺应了中国历史发展的实际，在巩固加强中华民族凝聚力方面起着十分重要的作用。

吐蕃与阿拉伯帝国的武力对决

唐朝后期，强盛的吐蕃人（今藏族祖先）一度进入西域争霸，同阿拉伯帝国发生武力对决，填补了天山南北政治的空白，并对后来的西域历史进程产生了极大影响。

吐蕃王朝系中国藏族先民建立的奴隶制政权，唐中期以后，吐蕃乘"安史之乱"爆发、中原政局不定之机，出兵不断侵扰唐朝在西域设立的都督府和州县，唐贞元年间（786—804 年）派兵攻陷北庭、安西等地，控制了天山南北大部分地区。吐蕃王乞黎苏笼腊赞在位期间，甚至将其领域扩展到葱岭以西的中亚地区，以护法自居，与信奉伊斯兰教的大食帝国对峙，并发生了数次武力冲突，阻止了阿拉伯帝国势力的东扩。随后吐蕃王国与南下的漠北回鹘汗国激烈争夺安西、北庭的控制权，最初双方互有胜负，后来回鹘逐渐取得上风，吐蕃被迫退出北庭等地，主要维持对天山南部各地的控制，并在这一带地区留下很大影响。20 世纪 50 年代后，文物工作者曾在当年吐蕃

吐蕃古堡，在今且末县境内。

人占据的地方，如罗布泊西南的米兰古城，以及和田地区北部沙漠中的麻扎塔格古堡都发现了诸多吐蕃文简牍，真实再现了吐蕃统治时期该地区的政治、经济和社会状况。

多种资料显示，吐蕃在这些地区，如于阗等地实行一种类似唐朝羁縻府州制度的间接统治形式，就是派出军队驻守那里，由已经臣服的当地王族担任首领，在吐蕃军队的监督下治理该地军政事务。

公元840年，吐蕃赞普郎达玛在内部动乱中被杀，吐蕃政权衰败，无暇顾及西域政局，加上回鹘人对西域统治的加深，吐蕃势力遂退出天山南北。

漠北回鹘迁居西域

回鹘是中国北方地区一个古老的民族，同今新疆境内的维吾尔族有一定渊源承传关系。汉文资料里的袁纥、回纥皆是本族"Uyghur"

一词的同音异译，又自称为"九姓回纥""九姓乌古斯"。一般认为，汉晋时期的丁零、高车、铁勒应是其历史渊源。

回鹘兴于漠北鄂尔浑河流域，初归属于突厥汗国。突厥汗国势衰后，公元744年，首领骨力裴罗联合葛逻禄、拔悉蜜等八部首领，创立回纥汗国，建牙帐于都督军山，并遣使至唐朝进贡，唐宣宗册封他为"怀仁可汗"。双方经济文化交流也十分频繁。唐德宗贞元四年（788年），经唐朝皇帝同意，回纥贵族取汉文"捷鸷犹鹘然"之意，将"回纥"改写"回鹘"，人们复将"回纥汗国"改称为"回鹘汗国"。

公元840年，由于连年自然灾害，漠北回鹘经济遭受巨大损失，汗室内讧，政局混乱。先是832年，时任回鹘可汗为属下所杀，可汗从子胡特勤继立，曾派遣使者告知唐朝，唐朝派遣使者册封。839年，回鹘宰相掘罗勿引领沙陀进攻可汗，胡特勤自杀，国人推举厖馺特勤为汗，"方岁饥，遂疫，又大雪，羊马多死"，句录莫贺引导黠戛斯"合骑"十万攻进回鹘城（蒙古国杭爱山鄂尔浑河上游西岸，卜骨汗城），"杀可汗，诛掘罗勿，焚其牙，诸部溃。其相坂职与庞特勤十五部奔葛逻禄，残众入吐蕃、安西。于是可汗牙部十三姓奉乌介特勒（勤）为可汗，南保错子山。"漠北回鹘汗国宣告解体。

漠北回鹘汗国分裂后，余部四散逃离。其中乌介特勒可汗之后辗转迁徙，后南迁入中原地区，大部分融合到当地的汉族中。还有一部分则向西迁徙，这部分西迁的回鹘人又分三支分别落居天山南北及河西走廊各地：一支由王子庞特勤、宰相坂职率领，落居于安西（龟兹），建立安西回鹘政权，之后衍化为高昌回鹘（一称西州回鹘）政权；迁入喀什噶尔这一支后与当地其他诸族共同创建了喀喇汗王朝；还有一支南奔河西走廊，投附吐蕃，后来在汉人张议潮起义带动下，驱逐吐蕃，建立甘州回鹘政权。回鹘西迁之前，河西地区已有回鹘人在活动，例如唐朝开元三年（715年），后突厥兴起后，铁勒诸部"在漠北者渐为所并，回鹘、契苾、思结、浑部徙于甘凉二州之地"。840

粟特文摩尼教经卷（吐鲁番出土）

年回鹘汗国覆灭后，《旧唐书·回鹘传》称溃散回鹘人"一支投吐蕃，一支投安西，一支投葛逻禄"，《新唐书·回纥传》"十五部奔葛逻禄，残众入吐蕃、安西"，这里的"吐蕃"即指甘州，因为这一带地区当时为吐蕃所控制。之后，乌介可汗所部降唐后，残部也有一部分进入河西走廊，如《旧五代史》记载："余众西奔……吐蕃处之甘州"。

甘州回鹘的主干系回鹘中的药落葛家族，因是王室后续，这一点同统治西州回鹘的阿跌家族有极大不同，唐末宋初文献里的"夜落纥"即是。迁入甘州的部分回鹘人最初依附吐蕃，大约在 890 年前后，始形成气候，《新唐书·吐蕃传》记载："中原多故，王命不及，甘州为回鹘所并，归义诸城多没"，甘州成为"回鹘牙"，回鹘政权基本成立。随之，还与当时控制河西走廊的张议潮的归义军发生冲突，双方有战有和，关系非常密切。甘州回鹘与中原地区的五代诸朝，以及辽（907—1125）、西夏（1038—1227）都有密切往来，例如，924 年，甘州回鹘可汗仁美向后唐朝贡，后唐庄宗封仁美为英义可汗，《辽史》里则将甘州回鹘列为属国，甘州回鹘可汗被列为辽朝的"甘州回鹘大王府"，

北宋（960—1127）建立后，随即同北宋朝进行联系，每年都到北宋朝献，经贸往来尤其频繁。

公元 11 世纪前后，在辽、宋（960—1279）、西夏诸朝争夺西北地区的过程中，甘州回鹘由于承担着重要角色，遂成为各个王朝争夺的对象。例如，其与北宋之间的交往，就引起西夏和辽的不满。从11 世纪开始，西夏就阻隔了甘州回鹘与北宋的交通，并经常进犯甘州回鹘，甚至连手辽朝一道对付甘州回鹘。1028 年，西夏李元昊亲率大军进攻甘州回鹘，回鹘军败，甘州、凉州皆为西夏所攻占，甘州回鹘溃散。残部或南入吐蕃，或奔往河西各地融入当地其他各族，还有部分则向西逃逸，游牧于祁连山、柴达木盆地及阿尔金山之间，之后迁徙到今天昆仑山南部的若羌、且末、于田等地，后来文献中所谓"撒里畏兀儿"应是甘州回鹘的后裔，更成为今天裕固族的先民。

回鹘汗国溃散后西迁的回鹘人中，除一部分如上所述成为今天中国多民族大家庭中的裕固族的祖先外，大部分则在同化、融合塔里木盆地周围诸族后，又历经蒙古时期西域各民族、部落的再次分化组合，遂形成近现代意义上的维吾尔族。

群雄争霸的年代

唐朝灭亡至公元 13 世纪蒙古统一北方和元朝（1271—1368）建立，相当于五代十国、两宋、辽、金（1115—1234）、夏时期，其间共 360 多年，这一时期是中国各民族纷纷建立政权，国内封建割据时期，亦即戴逸先生所谓"第二个从统一到分裂，再到统一的大循环时期"（从隋唐时期的统一到宋辽金时期的分裂，最后到元明清的统一）。唐朝灭亡后，沙陀最先在中原地区建立了后唐、后晋、后汉、北汉政权；之后又有契丹人在东北建立契丹国，灭后晋并改称大辽，与北宋对峙。12 世纪初女真族兴起，建立大金国，并迅速灭掉辽国和北宋，成为划淮河与南宋相峙的王朝。与此同时，在西北地区有回鹘人建立的高昌、喀喇汗王朝，以及河西地区的甘州回鹘政权，吐蕃人在湟水流域建立的唃厮啰政权，以及党项族于 11 世纪在甘肃、陕北和宁夏一带建立的西夏国等。这是一个群雄争霸的年代，位居西北边疆的西域也是如此。

边疆各族人民大批进入中原地区推动了民族融合，同样，迁徙到西域的各族人民也经历着新一轮的融汇过程，经济文化的互融演变更是润物无声、暗流涌动，西域各地新的更大范围的统一格局正在进一步酝酿之中。

高昌回鹘始末

公元 9 世纪中叶，建立于漠北地区的回鹘汗国被中国北方地区另一支强大的游牧部落——黠戛斯人所攻破，回鹘西迁，残部分别进入天山南北地区，填补了继唐朝、吐蕃之后的西域地区权力真空，并且在经历民族的接触、交流和融合后，逐步发展成为新疆的主体民族——维吾尔族。

根据文献记载，早在回鹘汗国时期，回鹘的势力范围实际上已经拓展至吐鲁番盆地和北庭等地，从敦煌地区出土的文书中发现，大批

距今2700年的吐鲁番交河故城

回鹘人这时已经在这一带区域游牧和活动，公元840年，漠北回鹘汗国覆灭后，回鹘人余部分若干支向西迁入天山南北诸地，显然是与此有关，绝非偶然。

在经历汗国倾覆的阵痛后，回鹘王族庞特勤（应该属于一个新兴的阿跌家族成员）带领西迁的回鹘人先落居于安西（今库车县境，唐朝曾于此建立安西都护府）境内的焉耆盆地的草原地区，这里有充沛的水源和丰盛的牧草，极适宜游牧民族生存和聚居。公元849年，庞特勤自立为可汗，安西回鹘政权建立，随之派遣使者到唐朝乞封，唐朝遣官员王敏章前往，赐封庞特勤为"怀建可汗"。唐咸通七年（866年），原驻守北庭（今吉木萨尔）的回鹘首领仆固俊（出身仆固家族）出兵攻克西州，将散居在这一带的回鹘人收拢集中在一起，并以高昌等地为府治，取代庞特勤地位，创建了以仆固家族为核心的西州回鹘王国。后来人们习惯称之为高昌回鹘或西州回鹘，所谓"托古兹古思""阿萨兰回鹘"等名称有时亦指高昌回鹘王国。

自此以后，一直到13世纪初蒙古统治之下，高昌回鹘王系延绵

吐鲁番柏孜克里克千佛洞第9窟供养人像

不断，其活动痕迹不绝史书。元世祖至元十七年（1280 年），高昌畏兀儿（元代回鹘之音译）亦都护政权纽林的斤奉元朝旨意率领王室东迁移居甘肃永昌，原高昌回鹘辖地先为元朝中央政府直属，后落入成吉思汗后代建立的察合台汗国统治之下，从而标志着高昌回鹘政治统治的终结。

自回鹘人于唐末落居高昌地区并且创立政权开始，历五代、宋朝、西辽，至元代中叶，高昌回鹘及其政权前后延续时达 5 世纪之久。鼎盛时期的高昌回鹘政权的统辖范围东至沙州，西到焉耆、库车，南与和田相接，北同伊犁接壤。在此期间，社会平和，领域辽阔，经济文化皆有一定程度的进步。公元 981 年宋朝使臣王延德的《高昌行纪》对此有详细记载，从中不难看出高昌回鹘政权实际上是一个以回鹘民族为主体的多部落、多民族聚居区域，其境内居民除汉族外，还有诸如大突厥、小突厥、大众熨（仲云）、小众熨、样磨、割禄（葛逻禄）、黠戛斯（今柯尔克孜族祖先）、格多族（吐蕃部落）、予龙族、末蛮等民族。该地盛产小麦、稻米，种蚕桑、麻和棉花，生产葡萄酒。北庭山间草原上的马匹极多，弥漫百里，以马的颜色分群，贵族畜群无法详知其数目。

回鹘人曾先后崇信摩尼教、佛教和基督教等多种宗教。回鹘进入吐鲁番盆地后主要信仰佛教，当时境内有佛寺九十余所，寺中收藏《大藏经》等佛教经籍，并在王族显贵支持下，打凿修建了很多石窟寺，石窟壁画内容十分丰富，有些明确题记系某王某家族捐造，规模甚为壮观。

这一时期回鹘文化最重要的变化是回鹘语言文字的推广和传播。漠北回鹘汗国时期，回鹘人采用突厥儒尼文作为书面语，后来受粟特人影响，回鹘人以源于中亚地区早年流行的粟特文为基础，创建了自己的文字。早期回鹘文是横写，从右到左，后期改为竖写，字行从左

高昌回鹘寺庙遗址（吉木萨尔县）

到右，经考证，大概是受汉文行文的影响。元朝时期称回鹘文为"畏兀儿文""北庭书"或"回回书"。从高昌回鹘王国开始，回鹘文取代其它原有的汉文、突厥文，作为当地官方语言文字通行，一直使用到公元15—16世纪。书同文有利于回鹘文化和民族心理的凝聚统一。后来，蒙古占领时期，回鹘人又将这种文字传给蒙古人，蒙古人以此为基础创制了回鹘式蒙古文并使用至今。满族又从蒙古人那里学会并创制了满文。辛亥革命后，满文不再使用，可是与此有渊源关系的锡伯文却在新疆一直使用。近代以来，考古工作者先后在吐鲁番、哈密、焉耆一带发现了一些回鹘文抄写的《弥勒会见经》《金光明最胜王经》《妙法莲华经》等写本，高昌回鹘人的文化素养得到了充分证明。

在高昌回鹘漫长的历史岁月中，回鹘人以其强大的军事实力和优秀的文化底蕴在高昌诸地扎根，不仅创造了辉煌的物质文明和精神文明，完成了回鹘民族社会经济文化的重构整合，卓立于西域诸地其他突厥语诸族之先，而且还导致了此后该地区缓慢的"回鹘化"过程，使早先居住生活在这一地区的吐火罗人、汉人以及先后附属于回鹘的葛逻禄、仲云、样磨等族相继融合于回鹘之中。回鹘民族因增添了新鲜血液和异质文化而充满生气，进而为元明以后逐渐成为西域诸地的主体民族作了充分准备。

喀喇汗王朝

喀喇汗王朝是由漠北回鹘西迁到葱岭以西的一支，再联合当时在这一带地区活动的其他民族和部落联盟，如样磨、葛逻禄等创建的一个地方政权，一译"黑汗王朝"。据说汗国的创始者名叫毗伽阙·卡迪尔汗。大约在公元880年前后，卡迪尔汗死后，二子分领其部众，长子巴扎尔建都于八拉沙衮，就是今天的吉尔吉斯斯坦共和国境内的托克马克，自称阿斯兰·喀喇汗（意为狮子汗），是为正汗；次子奥

萨图克·布格拉汗麻扎（今新疆阿图什市）

古尔恰克建都怛逻斯城，自称布格拉·喀喇汗（意为公驼汗），是为副汗，当时的喀什噶尔一带也归其所属。893 年，喀喇汗王朝的副都怛逻斯由于在同西亚强大的萨曼王朝的战争中失利而沦陷，驻守该地的副汗奥古尔恰克于是率领部属迁首府至今天的喀什噶尔城。

在此期间，中亚地区由塔吉克人建立的萨曼王朝已经信仰伊斯兰教，萨曼王朝与喀喇汗王朝疆域毗邻，双方交往十分频繁，伊斯兰教开始经萨曼王朝传入喀剌汗王朝境内。

依据一本名叫《苏拉赫词典补编》的穆斯林文献记载，最初将伊斯兰教传入喀喇汗王朝域内的是一位名叫纳斯尔·本·曼苏尔的萨曼王朝的皇族成员。原来，公元 10 世纪末，中亚萨曼王朝发生内讧，身为萨曼王子的纳斯尔在宫廷斗争中失利，被迫潜逃到今天的喀什噶尔地区，投奔到喀喇汗王朝副汗奥古尔恰克门下，两人关系不错，奥古尔恰克遂册封纳斯尔为阿图什地区的行政长官。纳斯尔本人就是一位虔诚的穆斯林，过后不久，纳斯尔施展"牛皮巧计"，即向奥古尔

恰克提出修建一座牛皮大小的寺院，以供他做礼拜使用。奥古尔恰克想来此事问题不大，就同意了纳斯尔修建清真寺的请求。纳斯尔回到阿图什后立即宰杀了一头黄牛，用剪刀把牛皮割成细条联结起来围了很大一块地，在上面修建了一座大清真寺——阿图什清真寺，待奥古尔恰克了解实情后，为时已晚，不好自食其言。这就是新疆历史上第一座伊斯兰教清真寺。

之后，纳斯尔又将奥古尔恰克的侄子，也就是毗伽阙·卡迪尔汗的孙子萨图克发展为穆斯林，萨图克应是喀喇汗王朝第一个接受伊斯兰教的王室成员。萨图克后来率众打败了叔父的军队，占据喀什噶尔城，自称"布格拉汗"。为了顺应建立强大统一的汗国的政治要求，萨图克·布格拉汗上台后，在其境内强制推行伊斯兰教，迄后，又宣布伊斯兰教为合法宗教，迫使王公显贵改宗皈依。公元 10 世纪末至11 世纪初，在经过旷日持久的"圣战"后，萨图克·布格拉汗打败毗邻佛国于阗，进而使天山南部皆处在伊斯兰教影响之下。

喀喇汗王朝显贵带领其部属信仰伊斯兰教始开回鹘人皈依伊斯兰教之先。在此之前，回鹘人曾信仰过摩尼教和佛教，对于西域佛教文化的广泛传播作出了贡献。所以，这是西域地区宗教演变史上一件十分重要的事情。

喀喇汗王朝时期，内地分为宋辽金各王朝，喀喇汗王朝诸汗与中原地区诸朝皆依旧保持着十分密切的交往，其王自称"桃花石汗"，即"中国之汗"。在《突厥语大词典》随附的圆形地图中，作者马赫穆德·喀什噶里将当时的中国分为"上秦""中秦"和"下秦"三部分：上秦为中国东部，即宋朝；中秦为契丹，即辽朝；下秦为喀喇汗王朝，即喀什噶尔一带区域。1009 年，喀喇汗王朝派出使臣向宋朝进献方物，1063 年，宋朝册封喀喇汗王朝可汗为"归忠保顺垢鳞黑韩王"，所谓"黑韩"也即可汗或喀喇汗之意。

喀喇汗王朝时期的箴言式著作《福乐智慧》一书中曾如此记道："倘

马赫穆德·喀什噶里《突厥语大词典》书影

若契丹商队的路上绝了尘埃，无数的绫罗绸缎又从何而来？"极为形象地表述了当时喀喇汗王朝同中原地区密切的经济贸易交往。

喀喇汗王朝时期，天山内部地区的经济文化有一定程度的发展，其域内产生了诸如《福乐智慧》《突厥语大词典》这样伟大的文学作品，极大地丰富了中国的文化宝库。

《福乐智慧》是一部用回鹘文写成的劝喻长诗。作者玉素甫·哈斯·哈吉甫出生于中亚地区的巴拉沙衮（今吉尔吉斯斯坦的托克马克），晚年移居到喀什噶尔，是喀剌汗王朝时期著名的诗人、学者和思想家，1070 年逗留喀什噶尔期间，他用近两年时间撰写了本书。该书本名音译为"库达德库比力格"，意为"给人们带来幸福的知识"，采用双行诗体写成，共 85 章正文，3 个附篇，2 个序言，计 13290 行。作者通过所塑造的 4 个人物形象——国王日出（代表公正和法度）、大臣月圆（代表幸运）、大臣之子贤明（代表智慧）和隐士觉醒（代表知足和来世）之间的对话来说明或阐述观点和道理。内容极为广泛，不只涉及政治、经济、法律、军事等社会生活各个侧面，诸凡哲学、伦理学、语言、文学、历史、宗教、逻辑学、数学、医学等学科无不言及。语言精练优美，诗歌、箴言内涵丰富，充满生活哲理。该书写作

过程中充分吸纳了同时代东西方文化中的成果，是维吾尔等操突厥语诸民族文学发展史上的一座丰碑。

《突厥语大词典》是喀喇汗王朝时期的马赫穆德·喀什噶里用阿拉伯文编写的一部有关中世纪突厥语词汇研究的语言学著作。

马赫穆德·喀什噶里是喀什噶尔人，他出身于喀喇汗王朝王族，受过系统的文化教育。鉴于当时阿拉伯语言在该地区影响越来越大，为了继续发扬和保持突厥语的主导作用，他决心编撰一部用阿拉伯语注释的突厥语言词典。于是，他用十多年时间走访了西域和中亚操突厥语的民族和部落，在掌握大量第一手调查资料的基础上，1074 年在巴格达城完成了这部长达 8 卷的宏篇巨著。《突厥语大词典》共收词目 7500 条。内容涉及天文、地理、民族、宗教以及文学诗歌和生活习俗等各个方面。作者经过对各种语言特征以及它们之间异同的比较和研究，对每一个词语用阿拉伯文进行注释解读，是探讨研究喀喇汗王朝时期历史和社会风情的百科全书。该书传世孤本后来在土耳其发现，并于 1914—1916 年出版问世，现有多种译本。

昆仑山下的尉迟家族

位于昆仑山北麓的于阗地区（今和田）具有十分悠久的历史。已发现的古于阗文、古藏文以及汉文史料揭示，汉魏以来，直到唐宋时期，统治该地区的都是一个姓尉迟的家族。公元 9 世纪以后，于阗地区摆脱了吐蕃人的统治，912 年，其王尉迟裟跋婆继承王位，"自称唐之宗属"，以唐朝国姓李氏为姓，名李圣天。这一时期的尉迟政权被称为李氏政权。在敦煌莫高窟第 98 窟也发现了李圣天与其妻的壁画像，上面写有"大朝大宝大圣大明天子"，从而论证了尉迟家族在于阗地区政治统治的真实性。

事实上，至李圣天在位时，大唐王朝已不复存在。而他却自称唐

舞女图，尉迟乙僧绘画的临摹品，现藏国外。

之宗属，证明两地之间的关系由来已久。李氏家族同河西地区的曹氏家族关系密切，李圣天曾娶曹义金次女为妻，而把三女儿嫁给了曹义金之孙。敦煌壁画中存留李圣天与其皇后曹氏等供养人 11 身，第 61 窟东壁绘有于阗公主等女供养人 4 身。据《新五代史》中记载，于阗李圣天"常楼居"，主处名"七凤楼"，且面向东方，反映了他对归属中原中央王朝的向往以及内地汉儒文化对于阗地

于阗国王像

敦煌莫高窟第454窟壁画中的于阗城（宋代）

区的巨大影响。后晋天福三年（938年），李圣天派遣使臣检校太尉马继荣朝觐，后晋封马继荣为镇国大将军，并于同年遣张匡邺、高居诲出使于阗，册封李圣天为"大宝于阗国王"。李圣天自称与中原朝廷的关系是"甥舅关系"，与内地关系密切。

当时"大宝于阗国"控制的范围西抵疏勒，东至且末，北接大漠，南达昆仑。该地朝野上下笃信佛教，文化昌盛，至今敦煌莫高窟千佛洞壁画中还留有于阗国王当时拜信佛主内容的画面。11世纪初（一说1006年），在经过从962年开始的喀喇汗王朝发动的针对于阗佛国的长达30年的"圣战"后，尉迟家族统治的佛教王国终为信仰伊斯兰教的喀喇汗王朝所攻破兼并。

"契丹"——中国的代名词

契丹，系中国北方古代民族名称，祖源出鲜卑宇文部，最初游牧活动在中国东北的西拉木伦河以南地区。魏晋南北朝时期开始出现在史书中。唐朝末年，首领阿保机统一各部，公元916年阿保机称帝，国号契丹，后来复改为大辽。契丹，作为中国北方地区的统治者，与周邻各族保持着十分密切的联系交往，对于北方地区的经济开发和文化发展起到了重要的促进作用。现在许多传统戏剧作品中，依然保留着不少以宋朝与契丹关系为内容的剧目。契丹在中国历史上的深远影响由此可见一斑。

辽朝统治时期，西域各地也与其保持一定的交往联系，并且当时天山南北各地已经有契丹人活动迁移的痕迹。但是，契丹人对于西域历史的巨大作用和影响，则始于由辽皇室后代耶律大石在中亚建立的西辽政权。

耶律大石所在的年代是辽朝衰亡的时期，他曾就任过辽的地方

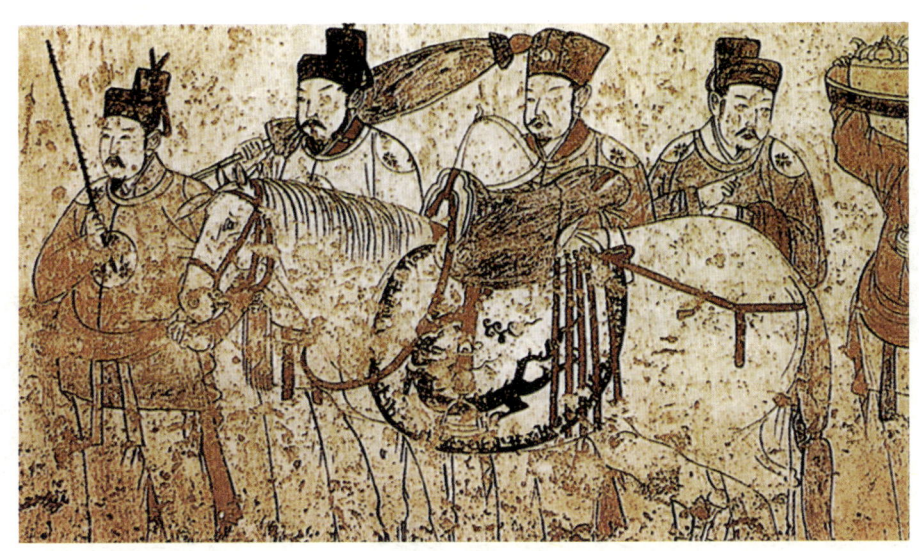

辽朝墓葬中的契丹贵族像

刺史，后因功而升任辽兴军节度使（驻地在今河北省卢龙县），此间
1116年，辽朝皇帝天祚帝征女真阿骨打失败，金军先后攻占辽朝的
东京（今辽宁省辽阳市）、上京（今内蒙古巴林左旗）、中京（今内蒙
古宁城县），天祚帝逃出南京（今北京）至山西境内的西京云中（今
山西省大同）等地，因皇帝不见踪影，驻守南京的耶律大石等辽朝大
臣们拥戴辽朝秦晋王耶律淳为帝，建北辽政权。后耶律淳病死，耶律
大石率部重归天祚帝，遭帝之猜忌，后受帝之指令率兵攻打金军，兵
败为金朝俘获，又被迫亲自领兵攻打天祚帝，遭皇帝进一步遏制。耶
律大石带领大军重回归辽朝，所以为辽帝所不信。

　　因为在攻打金军的战略上与天祚帝不同，耶律大石带领族属200
人于保大四年（1124年）杀死辽朝官吏乙薛和坡里括，离开天祚帝
出走西北，至漠北草原的可敦城修城住居，自立为王，设置了"北、
南面官属"。可敦城位于今内蒙古土拉河西岸巴彦淖尔附近，这里古
代曾是为回鹘汗国所建的宫城，辽朝建立后是西北招讨司的所在地。

乌鲁木齐南山板房沟大峡谷冬季景色

耶律大石至此召集"七州十八部"大会，招兵买马，共数十万匹，奠定了雄厚的军事实力。之后，耶律大石经过深思熟虑，决意向西部扩展其势力范围，因为当时中亚和西域各地的数个地方政权（喀喇汗王朝、高昌回鹘王国）都处在内乱中，势力都比较弱小，耶律大石试图通过兼并战争建立更为强盛的军事和物质基础，然后再收复被金朝占据的故地。

1130 年，耶律大石按照契丹古俗，杀青牛白马祭告天地、祖宗，整旅西行。他率军队进入谦河地区（今叶尼塞河上游）的吉利吉思国，并向这里的部族发动进攻，然后继续西征，越过金山，进入翼只水（今额尔齐斯河）和也迷里河（今新疆额敏河）地区。

耶律大石西征军在叶密立（今新疆额敏县）修筑城池，建立根据地，招抚当地操突厥语的各部族。该地水草丰美，气候凉爽，宜于放牧，但是处于高山、沙漠包围之中，地面较小，不可能长期供养一支强大的军队。于是，耶律大石决定继续向西扩展势力范围，随后率其部众踏上西迁的征途，在征服高昌回鹘后，其势力范围向西延伸到了中亚地区。1131 年，占据喀喇汗王朝重镇——八拉沙衮，创建西辽政权，一称"喀喇契丹"，"喀喇"意为"黑"，故汉文又称"黑契丹"。西辽建立后，耶律大石便开始四处征伐，击败喀喇汗王朝西部政权以及塞尔柱王朝联军，又将喀喇汗王朝东部要地喀什噶尔、于阗等地收归其治下，西辽成为中亚霸主，众多民族成为其附庸。西辽统辖范围西南至阿姆河，西北至巴尔喀什湖，东包葱岭以东各地。耶律大石仍沿用辽朝政治制度管理政事，使用汉儒文化，笃信佛教，但是不排斥其他宗教，赋税较轻，因而，这一时期，中原汉儒文化在中亚一度光大。"契丹"这一名称时至今日仍成为中亚、西亚及欧洲部分语言称呼中国的代名词，这与契丹人建立的西辽在中亚地区的活动和政治统治有关。

西辽对西域诸地的统治为时很短，蒙古族兴盛后，活动在阿尔泰山脉南部的乃蛮部落被蒙古所灭，该部落的王子屈出律逃入西辽境内，采用手段篡夺了西辽王位，西辽政权名存实亡，契丹王族沦为屈出律的傀儡。至末王耶律直鲁古执政时期，昏庸无道，政治黑暗，导致朝纲混乱、属众管理失控，蒙古西征，西辽遂被其所灭。

叱咤西域的
"马背族群"

从 13 世纪初开始，成吉思汗建立的蒙古汗国统一西域，以及之后元朝对天山南北各地的管辖，开辟了长达 5 个世纪的蒙古人经营西域的新时代。西域社会面貌发生了又一次历史性变化。

成吉思汗对西域的管辖

成吉思汗创建的大蒙古国（也客·忙豁勒·兀鲁思）对西域诸地的统一进程大致可分为两个阶段。

第一阶段始于西辽末世，西辽的实权由耶律大石后代旁落至乃蛮部王子屈出律手中，朝廷黑暗，国力日益衰落，西域属部各族都渴望摆脱其残暴统治。金大安元年（1209 年），高昌（今吐鲁番）畏兀儿地区部众因西辽镇守官恣睢用权、奢淫自奉，不堪忍受其压迫，非常憎恨。时任畏兀儿亦都护（意为"幸福之主"）巴尔术阿而忒的斤顺应时代要求，经过同谋臣细心商议，决定杀死西辽镇守官员，然后投奔蒙古成吉思汗。巴尔术阿而忒的斤先让他的随从前去将西辽镇守官官邸包围起来，镇守官惊恐窜至楼顶，畏兀儿部众尾随而上，将其擒获并杀死。金崇庆元年（1212 年），亦都护亲往克鲁伦河畔的蒙古汗廷朝觐成吉思汗，归属蒙古，同时请求作蒙古汗的第五子，成吉思汗非常感动，慨然允准了巴尔术阿而忒的斤的请求，还答应将其女儿嫁给畏兀儿亦都护为妻。蒙古汗的这一举动也为后来畏兀儿部众蒙元时期的发展奠定了基础。

在高昌畏兀儿部众的带动下，游牧活动在阿力麻里（今伊犁）的哈剌鲁部（即葛逻禄）首领也率众归附了成吉思汗。如此一来，天山北部大部分地区实际上已归蒙古国所辖。

第二阶段，开始于金宣宗兴庆二年（1218 年）左右，为了有效地控制西域政局，成吉思汗派遣大将者别带兵出征屈出律。蒙古大军大败西辽守军，杀死屈出律于巴达哈伤山（今阿富汗东北部），天山南麓哈实哈儿、鸭儿看、和阗诸城以次而下，西辽灭亡，天山南北各地皆归蒙古所属。唐末以后西域诸地纷争割据的混乱局面宣告结束，这种局势也为元明两朝蒙古成吉思汗后裔统治天山南北各地奠定了基础。

1219 年，立国于中亚地区的花剌子模国的边城讹答剌（今哈萨克斯坦共和国锡尔河右岸阿雷斯河口附近）守将杀害蒙古商队和使臣，成吉思汗以此为由率兵西征花剌子模国，欲血耻辱。延绵多年的蒙古西征由此拉开帷幕，西域各地成为蒙古西征的后方基地，蒙古的统治进一步加强。

成吉思汗统一西域各地后，因地制宜，依据政治、经济形势的需要，并遵从蒙古游牧民族的传统，设立了各种军政管理机构和职官，以行使对该地区的军政统治。这些军政管理机构体现了内地中央政府对西域广大地域的管辖统治，是汉代以后历代中央王朝对天山南北各地进行管辖统治的延续和发展。

蒙古诸臣朝觐成吉思汗

蒙古国在天山南北各地置设的最早的官员是"达鲁花赤"。达鲁花赤是蒙古语的音译，意即镇守官，是蒙古在它所占领的地区设置的最高监治长官，"籍户口，收赋税，签发兵丁"。1221年，丘处机奉敕前往中亚地区朝觐成吉思汗，中经阿力麻里（今伊犁），在那里就受到"铺速满（即穆斯林）国王暨蒙古'塔剌忽只'领诸部人来迎"的款待。"塔剌忽只"是达鲁花赤的异译，这是成吉思汗在西域设立的最早的官员名称。两年后，蒙古人在别失八里（今吉木萨尔县）诸地相继设置达鲁花赤以管理当地事务。1225年，成吉思汗西征东还，途经独山城（今木垒县），封畏兀儿人月朵失野讷为该地达鲁花赤，并掌都督印章，以表彰他同其父哈喇亦哈赤北鲁对开发当地社会经济的贡献。

蒙古大汗在西域地区设置的若干军政机构，主要行使对该地区农耕定居区域的管理职权。对于草原游牧地区则采用蒙古传统的分封制，成吉思汗晚年依蒙古习俗将其辖地分封于"黄金家族（成吉思汗系统）"宗王诸子。譬如，阿尔泰山、天山周围的草原地区分属于其二子察合台和三子窝阔台所辖。具体说，高昌畏兀儿境以西至河中的广大草原地区，也就是原西辽故地，归察合台所隶，其汗帐设在阿里麻力地区如忽牙思（今巩乃斯）；从叶密立（今额敏县）以北，包括今喀拉额尔齐斯河及阿勒泰山一部分的原乃蛮部游牧地区，则归属于窝阔台，其汗帐置于叶密立和霍博之地（今和布克赛尔蒙古自治县）。以此为基础，察合台汗的封地后来演化成察合台汗国，而窝阔台的封地则成为窝阔台汗国。两大汗国对域内政事有裁决权，但依旧是蒙古大汗的藩属地，各汗国首领的承嗣仍由大汗委派任命，即"边藩诸王奉大汗为宗王，大汗视镇边诸王为藩臣"。

从成吉思汗开始，蒙古大汗在西域地区推行的双重管理体制，初期对于缓解蒙古统治阶层间的矛盾冲突以及稳定社会秩序方面有一定积极作用，但是随着时间的推移，它无形中也助长了统治阶层内部的离心倾向，后来蒙古西北宗王的形成以及爆发叛乱，从一定程度上讲，与这种双重管理体制存在一定的内在联系。

蒙古"黄金家族"纷争

公元 1227 年，成吉思汗逝，幼子拖雷监国。由于成吉思汗生前已经确定窝阔台为汗，所以 1229 年秋，窝阔台继父汗位。公元 1241 年，窝阔台汗卒，皇后秃剌乞纳（一译乃马真氏）摄政。1246 年，她坚持扶立自己的儿子贵由继承蒙古汗位，长子宗王拔都因与贵由不睦，托辞有病拒绝参加贵由即位典礼。贵由即位后，为削弱宗王势力，1248 年亲率大军从和林启程，以到叶密立休养为名，实际上是去征伐拔都。贵由在西行至横相乙儿(今乌伦古湖上游)时患病身亡。随后，经过一场宫廷争斗，1251 年，拖雷之子蒙哥利用蒙古诸王同前汗之间的矛盾，登上了汗位。大蒙古国的统治权由窝阔台一系转入拖雷一系手中。蒙哥即位后，为了巩固自己的统治地位，杀死秃剌乞纳皇

宣布"札撒"的窝阔台汗

后，将贵由儿子以及窝阔台汗之子皆发配边远地区，调离大汗中枢地区。1251年，在今天山北部建别失八里行尚书省，任命麻速忽（一译马思忽惕）为省事，又在中亚地区设立阿姆河行尚书省，委派阿尔浑为省事。这两个行尚书省的置设，反映了蒙古汗廷对西域、中亚地区统治的进一步强化，奠定了蒙古统治西域军政管理机构的大致轮廓，比达鲁花赤之制显然前进了一大步。

1259年蒙哥汗死后，随之引发了其弟忽必烈与阿里不哥之间长达数年的汗位争夺战争。为了夺取汗位，双方都极力争取西部宗王势力的支持，例如，忽必烈派遣察合台系宗王阿必失哈赴西域就任汗位，阿里不哥则任命身边的察合台后裔阿鲁忽前往西域就任察合台汗国的汗，以接替在位的木八剌沙。阿必失哈西行途中被阿里不哥俘获并杀害，因此，忽必烈试图控制中亚的打算受挫。阿鲁忽则利用阿里不哥封给他的贵亲诸王身份，顺利抵达阿力麻里，并于1260年荣登汗位。经过精心经营，阿鲁忽不仅控制了大片地区，还组建了一支训练有素的军队。随着军事势力渐盛，阿鲁忽公开拒绝了阿里不哥让他筹措兵源粮饷的指令，俨然一个独立的地方政权。阿鲁忽杀死阿里不哥派遣的使者，并主动归属忽必烈，忽必烈则承认阿鲁忽对阿姆河以北地区的控制，察合台汗国在中亚地区的实力得到加强，双方关系得到明显改善。

在忽必烈与阿里不哥争夺汗位的斗争中，窝阔台后裔海都因对拖雷系执掌蒙古汗国大权不满，明确地站在阿里不哥一边。阿里不哥失败后，海都返回叶密立地区，继续割据自雄。忽必烈不能容忍海都的独立行径，为进一步控制中亚地区局势，1365年，派遣听命于他的八剌（察合台汗后裔）到河中地区继承汗位，以从西方牵制海都的发展。但是，八剌在夺得察合台汗国大权后，反目公开与忽必烈作对，并侵吞了忽必烈在中亚的属地，成为察合台系宗王的政治代表。察合台系在中亚地区的强盛同样危及到海都势力在该地区的发展，窝阔台、察合台两汗国因此发生激烈的冲突。察合台汗国在中亚势力的扩张也损害了当时占据阿姆河以北地区的术赤系的利益,于是,海都与术赤系的蒙哥帖木儿联手,一道对付察合台汗国。不久,窝阔台、察合台两汗国在锡尔河畔爆发激战,察合台汗后裔八刺损失惨重,不得不与窝阔台后裔海都协议约和。

1268 年,海都自阿力麻里出兵进攻蒙古大汗控制地区,忽必烈发大军自岭北进攻海都,海都败于别失八里,蒙古大军紧追至阿力麻里地区,海都不敌,远遁河中。翌年,海都、八刺、蒙哥帖木儿三方在塔刺思举行忽里台大会。三系诸王决定一致反对忽必烈,并划分了各自在中亚地区的势力范围。

元朝建立后,随着平定西北藩王之乱军事行动的进行,元朝在西域各地先后设置了一系列军政管理机构。如至元十五年(1278 年),于畏兀儿分地(疑指别失八里)设立提刑按察司,一称霍州(即火州)畏兀按察司,主管农桑事。1280 年,立畏兀儿境内交钞提举司,专理元中统、至元钞的发行和管理。1283 年设立"别失八里、和州等处宣慰司"分理天山南北各地军政事务。西域行政机构组织完全同内地一致,这是元朝对天山南北诸地统治趋于加强的具体反映。

忽必烈灭宋后,

元世祖出猎图(元刘贯道绘,现收藏于台北故宫博物院)

腾出手来抽调大批人马前往西域地区平定西北宗王之乱，至忽必烈去世前夕，元朝才基本控制了阿尔泰山一带地区。至大德初年（1297年），随着元朝军队的不断出击，海都等西北宗王势力日益衰退。大德六年（1302年），海都败逝，当时就任察合台汗国汗的笃哇见大势已去，于翌年降归元朝。1306年，海都子察八儿也向元朝投降。至此，延续数年的西北宗王之乱终于平定。元朝中央集权统治得到进一步巩固和加强。

至元朝后期，随着蒙古大汗对属臣管理的松弛和衰微，西北宗王中的察合台汗国势力逐渐坐大，1309年窝阔台汗国灭亡，其封地大部分并入察合台汗国，察合台汗国实力增强。1347年，察合台汗国的合赞汗被属臣、出身巴鲁剌斯家族的异密合扎罕所弑，汗国分裂为东、西两部分。异密合扎罕及随从控制西部地区；天山南麓实力强大的蒙古都格拉特部显贵则拥立察合台汗后代秃黑鲁·帖木儿为汗，立府于阿克苏，建立东察合台汗国。同年，元朝管理下的哈剌火州沦陷，两地政治往来断绝，元朝在西域的管辖统治结束。

畏兀儿亦都护的故事

元朝时期的文献及后人研究成果表明，元代"畏兀儿"主要是指以哈剌火州（今吐鲁番盆地）、别失八里（今吉木萨尔县）为中心地区居住和生活的居民，一般称为"畏兀儿地区"。

畏兀儿亦都护因享有"第五子"的优遇，"使与诸皇子约为兄弟，宠异冠于诸国"，蒙古汗直辖封地，并享有作为蒙古汗属臣的权利和义务。

蒙古西北宗王与蒙古大汗作对，畏兀儿亦都护坚决站在蒙古大汗一边，坚决反对分裂割据。1275年，西北宗王笃哇、卜思巴等率兵十二万，围攻火州，劝导畏兀儿亦都护投诚，亦都护严词拒绝，并曰："吾闻忠臣不事二主，且吾生以此城为家，死以此城为墓，终不能从尔也。”火州城被围六月，笃哇攻城不下，遂系矢以书射城中曰：“我亦太祖皇帝诸孙，何以不附我？且尔祖尝尚公主矣，尔能以女与我，我则休兵，不然则急攻尔。”城中居民告知亦都护称：“城中食且尽，力已困，笃哇攻不止，则相与俱亡矣”，亦都护大义凛然：“吾岂惜一女而不以救民命乎！然吾终不能与之相见。”为了救民众于危难之中，亦都护决然

回鹘文《高昌王世勋碑》，在今甘肃省永昌县境内发现。

将其女也立亦黑迷失别吉从城墙上“引绳坠诸诚下而与之，笃哇解去”。这一段史料真实记录了蒙古西北藩王之乱对畏兀儿地区经济社会的破坏作用，另一个方面则再现了元代畏兀儿王族在维护国家统一、反对分裂中的显著作用。

　　1280 年，畏兀儿亦都护火赤哈儿的斤死于阻挡西北宗王大军进攻哈剌火州的战斗中，其子纽林的斤“尚幼，诣阙请兵北征，以复父仇。帝壮其志，赐金币巨万，妻以公主曰不鲁罕……有旨：师出河西，俟与北征大军齐发。遂留永昌焉”，畏兀儿部众遂留居今甘肃省永昌地区，由此结束了畏兀儿亦都护家族在高昌的政治统治。元朝政府将永昌地区置于北庭都护府直接管理之下，1283 年，都护府改称大理寺，

回鹘王侯家族群像

两年后，仍复为大都护，1311 年改设王傅。

秃黑鲁·帖木儿汗及其后裔

1347 年，源出成吉思汗"黄金家族"的秃黑鲁·帖木儿被众臣扶立为汗，在巩固内部统治后，他便积极扩充实力，企图征服河中地区，实现重建察合台汗国的梦想，因为他的祖先曾经统治过那里。为此，他强迫下属交纳地租赋税以增强军事实力，同时，为了政治扩张的需要，根据喀什噶尔人米儿咱·马黑麻·海答儿《拉失德史》中记载，秃黑鲁·帖木儿汗在中亚地区东来传教的传教士沙黑·扎马鲁丁及其子额什丁毛拉的劝解感召下，皈依了伊斯兰教，进而成为西域地区第一个改信伊斯兰教的蒙古汗。不仅如此，秃黑鲁·帖木儿汗还逐一会见王公贵族，逼迫他们信仰伊斯兰教，否则就将他们杀死。在他的强制之下，秃黑鲁·帖木儿汗辖属的 16 万部众剪掉长发皈依了伊斯兰教。由于当时天山南北诸地局势均在秃黑鲁·帖木儿控制之下，所以伊斯兰教在西域的传播在强有力的军事势力支持庇护下，进一步扩展加强。

军事实力的增强和宗教信仰的一体化进一步加强了汗国的整体实

秃黑鲁·帖木儿汗麻扎（今霍城县境内）

力。于是，从 1360 年至 1361 年，秃黑鲁·帖木儿两次带兵西征，不仅占据了中亚大城——撒马尔罕，并使阿富汗、兴都库什山等广大地区都归其所属。《拉失德史》中称，河中地区都被收入秃黑鲁·帖木儿的版图中，那里所有的王公贵族都不能不效忠于他。征服河中诸城后，秃黑鲁·帖木儿汗委派长子也里牙思火者驻守撒马尔罕城监理当地事务，本人则仍东回到首府——阿力麻里（伊犁），不久病逝于此地。至今，秃黑鲁·帖木儿汗的陵墓还保留在今天的霍城县境内。

秃黑鲁·帖木儿死后，先是异密怯马鲁丁举兵叛乱，怒而杀死王室成员 18 人，汗权因此旁落在都格拉特部异密控制下，内部局势动荡。1389 年，秃黑鲁·帖木儿汗幼子黑的儿火者，逃脱了异密怯马鲁丁的劫杀，在草原上被部属拥立为汗，汗国的控制权重新回到察合台汗后裔手中。

1391 年，黑的儿火者汗即位后不久，就派遣使臣千户哈马力丁等至明朝（1368—1644）贡马和方物，从而开两地间交往联系之先河。伴随着伊斯兰教在蒙古汗国内部的进一步传播，黑的儿火者用军事手

段强力传播伊斯兰教，他以"圣战"的名义向东部吐鲁番一带扩张势力范围的同时，也将伊斯兰教传到这一带地区。1405 年，黑的儿火者本人死于对这一带地区的"圣战"中。1414 年，明朝出使西域的陈诚路经吐鲁番地区，还见到他的陵墓。

黑的儿火者死后，其子沙米查干嗣父汗位，在任期间，励精图治，北与瓦剌作战，还试图西征撒马尔罕，以恢复先世失地。明永乐三年（1405 年）派遣使臣到中原地区朝贡玉璞、名马，与明朝进行友好往来。次年复遣使至明朝贡马，明廷赐其使者钞币，命礼部宴劳之，遣鸿胪寺丞刘帖木儿等出使东察合台汗国往赐沙米查干，尔后两地往来密切。明永乐五年（1407 年），沙米查干卒，明朝以其"能归顺朝廷"而遣朝臣把泰等人前往祭祀。同年沙米查干弟马哈麻继立为汗，明朝派使者以玺书、文绮、纱罗、布帛相赐表示祝贺。马哈麻在位期间，继续推进伊斯兰教在蒙古各部落中的传播，所辖地域有所扩大，境内较大

默拉纳·额什丁麻扎，位于今库车县。

的城镇主要有火州、鲁克沁、吐鲁番、哈实哈儿、阿力麻里等，一度把汗帐从阿力麻里迁到裕勒都斯草原的忒勒哈纳（今新源县）。

马哈麻逝于1415年，之后由纳黑失只罕、歪思等先后主政。1432年前后歪思汗卒，在经过一番争权夺利之后，其幼子也先不花于1434年登上汗位。长子羽努思（应是汉文史籍里的阿力）则投奔

库车大寺。初建于16世纪，后经历多次毁坏和重修，今天的规模形成于民国年间。

帖木儿王朝图谋发展，统一的东察合台汗国分裂为东、西两部分，并且持续了很长一段时间。

西域"驿道"和"站赤"

蒙元时期，连接东西方关系的西域交通得到进一步拓展。由于中央政府的支持和地方官府的努力，草原丝绸之路得到大规模拓展，特别是蒙古西征时，"金山南大河驿路"——三太子（成吉思汗三子窝

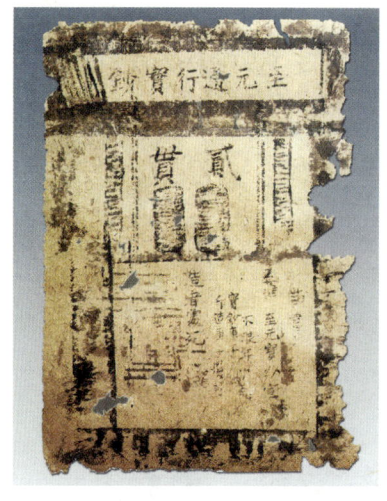

至元通行宝钞（吐鲁番发现）

阔台）开辟的金山道、二太子（成吉思汗二子察合台）"凿石理道，刊木为四十八桥，桥可并车"的果子沟涧道的畅通，都极大地缩短了原有的交通路线的距离，使东西交往更加便捷畅通。当时连接西域同北方地区的交通线一般是从中原内地北上，经过和林，越过阿尔泰山南下至别十八里，之后沿阴山（今天山）北麓行抵阿力麻里，从此向塔拉斯西北达欧洲，向西南入波斯。元朝建立后，随着关中地区被蒙古控制，传统的由中原地区取道河西地区、经过畏兀儿地区的交通路线得以重新开通。这条路线的通畅先是仰赖汪古部落的按竺迩，他于1228年受命镇守今天的山丹地区，"置驿张掖、酒泉，至玉关，通道西域"。之后，又有畏兀儿岳璘帖木儿在中原做官期间，回畏兀儿地区省亲，"道出河西，所过榛莽，或时乏水"，岳璘"为之凿井置堠，居民使客相庆称便"。这条道路后来便成为蒙古元朝贵族运输西域各地贡物，如吐鲁番的葡萄酒，以及天山南部各地玉石等贡品的重要交通线。

为了维护和改善西域地区同中原地区的交通线，元朝中央政府

察合台汗国的货币

环绕天山南北交通道路设立的"站赤""星罗棋布,脉络相通,朝令夕至,声闻毕达"。"站赤",蒙古语,意为"译传",实即汉唐之际的驿站系统。蒙古中央政府为了保证西征平叛大军和后勤粮秣的安全,围绕着传统的丝绸之路南道,"立于阗、鸦儿看两城水驿十三,沙州北陆驿二"。1278年,又分别在彰八里(今昌吉)和别失八里诸地设站赤。1281年,受当时镇抚西域各地军务的蒙古将领阿只

马可·波罗像

吉之请,元朝"自太和岭至别失八里置新站三十","专事递运租赋"。1282年,在罗卜(今罗布)、阇里辉立驿。次年,又在畏兀儿(指高昌一带)等地置站四处。各类"站赤"中备足使节商侣途中所需,如别失八里站"置马六十匹,牛、驴各二十五只,岁支首思羊一百口,解渴酒一千五百升"。蒙元时期,西域交通的开辟及维护,对于推动这一时期东西关系的发展,以及保证该地区政治上的统一和社会的安定起了重要作用。

哈密卫·金路

明朝建立之初,哈密一带系蒙古宗室后裔兀纳失里的属地,包括吐鲁番在内的以东各地并不归东察合台汗国所辖。1368年,明朝建立后,西域各地纷纷遣使朝贡,希冀同明王朝建立正常的交往联系。为开辟同西方各地的陆路贸易通道,明朝派军西行,已先后在哈密以东的撒里畏兀儿居地建立安定、阿端、曲先、罕东、沙州、赤斤蒙古、哈密七个卫所。洪武二十四年(1391年),由于哈密蒙古宗王时常阻

止西域使臣商旅往还明朝，甚至"有从他道来者，又遣人邀杀之，夺其贡物"，企图垄断贡利。明太祖视其为蒙古元朝统治余孽，下令左军都督、佥事刘真、宋晟率军征伐之。明军攻破哈密城，"俘获甚众，收其部落、辎重牛马以归"，哈密蒙古宗王兀纳失里率残众逃匿。次年，遣使贡马骡请罪，哈密各地置于明朝控制之下。

迄明太宗时期，两地经济贸易交往日益扩大，永乐二年（1404年），明朝封哈密王安克帖木儿为忠顺王，"使守其地，绥抚其民"，哈密因此而归属明朝。四年，明朝设哈密卫，给印章，封其头目马哈麻火者等为指挥、千户、百户、镇抚，辜思诚、哈只马哈麻为经历，又以汉人周安为忠顺王长史，刘行为纪善，以辅忠顺王。据研究，哈密卫不同于明朝在全国其他地区所设的卫所，而是一种专为治理边疆事务而独设的军政合一的地方行政机构。

哈密卫的建立，使该地区服属于明朝直接统治之下，延续了汉唐、

天山深处草原

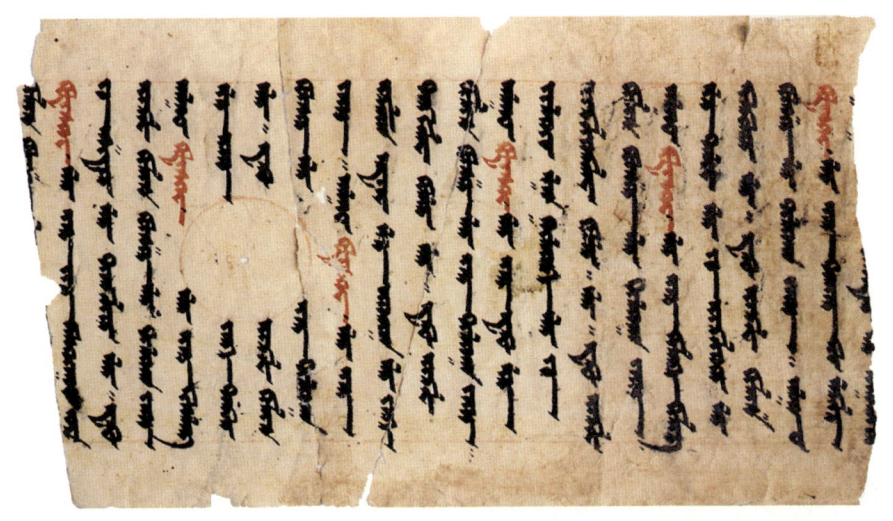

回鹘文《弥勒会见记》，哈密脱米尔底佛寺遗址出土。

元朝以来，中原中央政府对西域各地的管辖，有利于明朝西北边境的安全和中原地区政治、经济、文化的稳定发展。之后西域各地同中原的经济交流非常频繁，连接两地间的丝绸之路被西域及以西诸地的人们誉为"金路"并认真加以维护，当时"西域诸夷者凡三十八国"，朝贡皆经过哈密，正是通过哈密卫，"四方奇珍异宝、名禽殊兽进献上方者，亦日增月益"。

明朝和西域之间的经贸活动主要采取两种形式：一种是"朝贡"和"封赐"；另一种是"互市"，或称"市易"。西域各地向明朝进贡的物品中，主要有马匹，还有羊、骆驼等畜产品，以及玛瑙、铁刀、回回青（染料）、玉石等其他物品。而明朝的"回赐"物品，除了钞币，还有绢、彩缎、丝绸诸物。明朝中央政府这种带有政治色彩的回赐是很丰厚的，其实际价值远超过所贡物品。西域各地与中原内地的贸易，除了马匹，还有回回青（染料）、刀、兽皮等，而换来的物品则诚如明朝大臣桂萼奏折中所言，"其需于中国者曰茶曰大黄曰麝香"，以及丝、缎、瓷器、铁器、药材等。

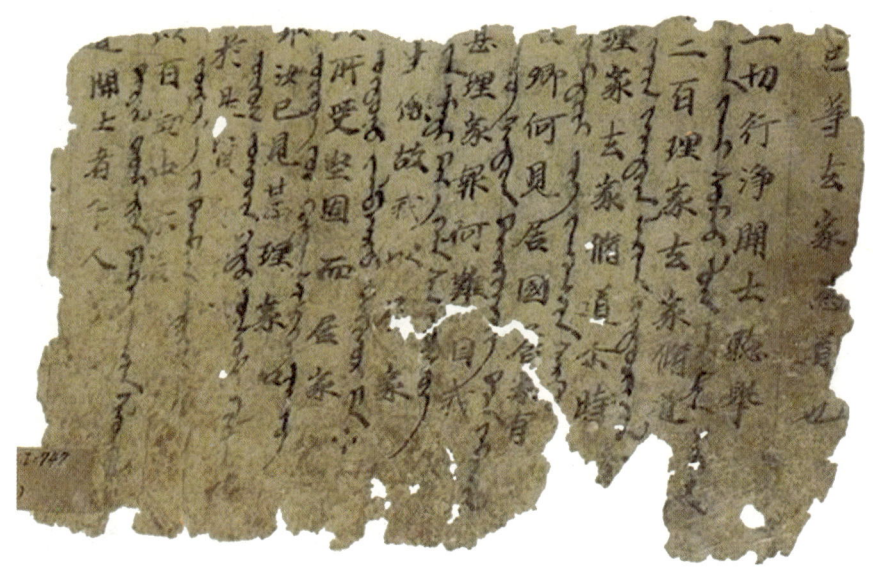

回鹘—汉文佛经对照文书（吐鲁番出土，元代）

叶尔羌轶闻

16世纪前后，东察合台汗国内部矛盾尖锐，政局动荡，先是速檀·阿黑麻汗之子速檀·满速儿在阿克苏继承父位，成为整个汗国的大汗，但迫于都格拉特部异密阿巴·巴吉儿的凌厉攻势，最后被迫放弃该城，向东撤至吐鲁番一带固守。汗国衰败之迹昭然可见。

1514年春，速檀·满速儿汗的弟弟速檀·赛德带领部属从中亚进行战略大转移，翻越天山撤入喀什噶尔境内，打败当时统治这一带地区的都格拉特部异密阿巴·巴吉儿。赛德将其首府定在叶儿羌与满速儿汗对峙，后人又把其莅临此地称汗建立的政权称之为"叶儿羌汗国"。

叶儿羌汗国的建立对以吐鲁番为统治中心的满速儿汗政权构成极大威胁，1516年，经过双方使者的穿梭斡旋，兄弟两人在阿克苏和库车之间的一个名叫阿尔巴特的地方举行会晤。双方和解，但分裂依旧。兄弟俩随即分别率领人马对周临地区进行扩张征伐，以拓展各自的势力范围。满速儿汗由于西征无门，就将征服的重点移向东部，与明朝争夺哈密地区的控制权。弘治十八年（1505年），哈密忠顺王陕巴卒，其子拜牙即自称速檀，改信伊斯兰教，仍袭忠顺王。中间经过多次反复，特别是16世纪以后，明朝内乱，无力西顾，满速儿汗占据哈密地区。

赛德汗的征服地域范围要比其弟大得多，1522年，他占据了北部的草原地带，留长子阿不都·拉失德驻镇那里。1524至1525年间，拉失德趁河中的月即别首领去世、内部动荡之机，率军西征，连克讹迹邢、马都等城。1531年，速檀·赛德汗以"圣战"名义向西南方

叶尔羌汗国赛德汗麻扎（今莎车县境内）

向进行扩张战争，吞并了克什米尔、拉达克等地。次年，遣部将领兵攻打佛教圣地西藏的拉萨城。1533年，速檀·赛德汗病死于南征途中，其子阿不都·拉失德嗣之。

1545年，速檀·满速儿汗卒，长子沙速立其位。自后，汗国东西两地又陷入长时间的动荡中。至1570年，东部满速儿汗辖地终为西部速檀·赛德汗后代攻占，天山南北基本上都处在其后裔控制之下。然而内乱不止，社会动荡不定，这种局面一直延续到清朝初期。1646年，在位的阿不都拉哈汗（汉文"阿布伦·木汉默德"）继承其父与中原王朝交好的原则，他派出使团前往清朝献贡，"兼请定进贡额"，清顺治皇帝接见使臣，赏赐缎帛衣服，特降敕谕。1655年阿不都拉哈直接向清朝遣使纳贡，清廷规定："自此以后，每五年一次来贡"。两地间"朝贡"关系的确立对于之后西域政局的变化有重要的作用。

叶尔羌汗国后期，察合台后裔们内讧不断，加上伊斯兰教"和卓"势力对蒙古可汗和西域政局的影响日益增大，汗国势力日渐衰落。顺治十九年（1680年），在白山派的阿帕克和卓引导下，准噶尔人攻占了乌什、阿克苏、哈实哈儿以及叶尔羌诸城，叶尔羌汗国灭亡。

清朝经营西域

　　清朝（1644—1911）是中国历史上第二个少数民族建立的全国统一的封建王朝，同时也是最后一个中央集权的封建王朝。清王朝对新疆的统一和治理奠定了近代中国西北疆域的基础。清朝在加强内地和边疆的政治联系、密切各民族经济文化交流、恢复和推动清朝前期封建经济的繁荣方面做了很多努力，建省之举则使新疆同内地行政建制一致起来，清朝对新疆的治理及其引起的社会变革也是历史上极为空前的。清朝时期的新疆依然是一个多民族聚居活动的区域，各族民众在此过程中不同程度地贡献了自己的力量。

"准噶尔盆地" 名称的由来

　　今天位处新疆东北部的准噶尔盆地的名称即来源于明清之际一个名叫准噶尔的蒙古部落。

　　准噶尔部是著名的卫拉特蒙古四部之一，其他三部分别是杜尔伯特、和硕特和土尔扈特。卫拉特蒙古一称厄鲁特蒙古、西蒙古，元明之际分别称作斡亦剌和瓦剌。据研究表明，直到明朝末期，在卫拉特蒙古四部中，其盟主都是和硕特的首领，先是拜巴噶斯，之后是其后

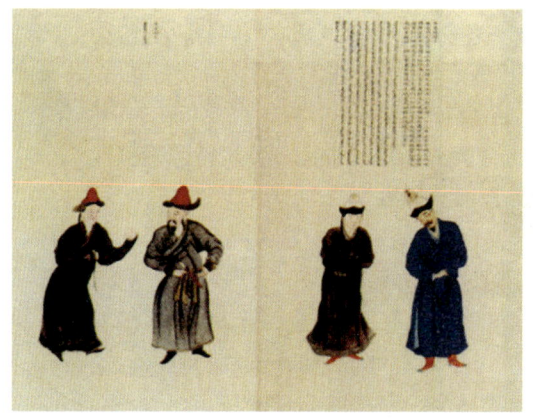

《皇清职贡图·厄鲁特人》（清丁观鹏绘，现藏中国国家博物馆）

裔图鲁拜瑚。但是到了 17 世纪二三十年代，准噶尔部领主哈喇忽剌的力量不断增长，特别是到其子巴图尔珲台吉时期，准噶尔部先是控制了游牧于天山以北的卫拉特各部，之后成为控制整个卫拉特各部的实际盟主。

从四部之一到最终成为盟主，准噶尔部经历了一个比较坎坷的过程。开始时，当和硕特首领图鲁拜瑚向清政府进贡时，巴图尔珲台吉也代表准噶尔部进贡，但清朝依然承认和硕特首领为卫拉特的盟主，即使是 1640 年东西蒙古在塔尔巴哈台召开大会，并制定了《蒙古卫拉特法典》，"准噶尔已经成为吸引全蒙古、所有蒙古汗国和公国的中心"时，清朝仍然只承认和硕特首领为卫拉特的盟主。如 1646 年，当时的顾实汗（和硕特首领图鲁拜瑚）率领各部首领向清朝进贡，巴图尔珲台吉依然在其中，而清朝则对顾实汗"赐甲胄弓矢，俾辖诸卫拉特"；1652 年，巴图尔珲台吉复遣使者进贡，清朝始终未对其予以赐封，而次年，则赐图鲁拜瑚为"遵文行义敏慧顾实汗"。显然，清朝这样做考虑到卫拉特各部的传统，同时对准噶尔部的兴起还是心存戒意的。

在准噶尔部发展的过程中，巴图尔珲台吉是一个重要的转折人物，其实，在他就任首领期间，该部已经基本上控制了卫拉特诸部了，并在政治、经济和外交（与俄国的关系）等方面都有建树，这些努力为后来准噶尔部的发展和崛起奠定了基础。1653 年巴图尔珲台吉去世，子僧格袭位，其间励精图治，积极拓展与周边关系，为准噶尔部的崛起和发展作出了一定贡献。哈喇忽剌、巴图尔珲台吉、僧格等准噶尔部前三任首领的所作所为都为后来噶尔丹即位后准噶尔部的强盛奠定坚实的基础。

在 17 世纪中叶准噶尔部崛起的过程中，有两件事情值得注意，就是卫拉特四部里的和硕部的迁徙和土尔扈特部的迁徙，前者于 1637 年应西藏班禅罗桑吉坚赞等黄教上层邀请进入西藏，并平定了与班禅

厄鲁特蒙古图，现藏中国国家博物馆。

等为敌的对手，在藏区僧俗中树立了威望；后者则于 1628 年后迁往伏尔加河流域游牧。这些举动也对后来中国西北历史发展的走向产生了一定影响。一般认为两部的迁徙是准噶尔部的巴图尔珲台吉"恃其强，侮诸卫拉特"的结果，实际上，除上述原因外，可能还与和硕部力图向青藏高原一带发展并施加影响，而土尔扈特部与当时同准噶尔部关系密切的杜尔伯特部三大台吉关系交恶相关，例如杜尔伯特部三大台吉就称土尔扈特部首领是其"永世的敌人"。

准噶尔部至噶尔丹在位期间，其势力已经占据卫拉特蒙古四部之首，此后担任准噶尔首领的策妄阿拉布坦、噶尔丹策零也都是一世枭雄，这一时期准噶尔部的经济和社会都得到一定程度的发展，于是从噶尔丹开始，准噶尔就南下扩展势力范围，除占据天山北部的伊犁等地外，于 1680 年吞并察合台汗后裔创建的叶尔羌汗国，完成了对塔里木盆地南部绿洲地区的控制，天山南北各地俱归其所属。

乾隆的《格登山纪功碑》

在今天山北部草原怀抱的昭苏县西南方向的格登山脊上，矗立着一座典雅的中原塔式建筑，傲视着远方，其身后就是中国边防站的哨所，它就是举世闻名的《格登山记功碑》。

《格登山记功碑》立于清乾隆朝，全名应是《平定准噶尔勒铭格登山碑》。说起这块碑的由来，还蕴含着一个发生在乾隆时期的惊心动魄的历史故事。

原来，在清朝康熙年间，蒙古准噶尔部首领噶尔丹随着军事实力

格登山记功碑所在地

125

格登山纪功碑

的增强，自恃雄踞西北，遂与清朝对抗，欲同清朝平分天下，他甚至与沙俄勾结，侵占周邻的喀尔喀蒙古辖地，以扩充势力范围，对清朝统一的国家政局构成威胁。1690 年、1696 年，康熙两次发兵征讨，经"乌兰布通""昭莫多"两次大战，准噶尔惨败，实力受挫。不久，准噶尔内乱，康熙于 1697 年第三次御驾亲征，坐镇宁夏指挥，重创准噶尔部，噶尔丹在困顿中病亡。之后，1745 年首领噶尔丹策零卒，内乱频仍，不久贵族达瓦齐被拥立为王，更加剧了该部的内乱。为了确保西北边疆不致被沙俄吞并，清朝乾隆皇帝决定讨伐达瓦齐。1755 年，清军进入伊犁，进攻准噶尔部大营，达瓦齐率领部众退守伊犁西南的格登山负隅顽抗。清军派出一支由新投顺的原准噶尔部宰桑阿玉锡带领的 24 人冲入达瓦齐的营地，大胜之，除达瓦齐亲信 20 余人下山逃逸在乌什被俘获外，其他近万人俱成为清军的俘虏。清廷在此建立了格登山纪功碑，以纪录这次著名战役，乾隆自撰碑文，以满、汉、蒙、藏 4 种文字镌刻而成，作为清朝平定准噶尔之乱的真实物证。《格登山记功碑》自此被秩入封疆大吏官员春秋致祭场所，清朝以后诸多文人墨客瞻仰吟咏，林则徐"格登山色伊江水，回首依依勒马看"抒发的就是壮怀激烈的爱国情怀。

随后不久，又有归附清朝的原辉特部贵族阿睦尔撒纳起兵叛乱，清朝再度出兵征伐，至乾隆二十二年（1757 年），阿睦尔撒纳叛乱被平定。清朝彻底平定了长期割据西北的准噶尔政权，统一天山南北各地。今天新疆北部著名的"准噶尔盆地"的名称或许是对准噶尔蒙古在此活动驰骋的这段历史的唯一记忆。

所谓"和卓",一译"和加""霍加""火者",波斯语音译,原意为"主人""显贵""富有者",在新疆和中亚地区专指伊斯兰教"圣裔",也就是穆罕默德的后代。由于和卓意味着权势和富贵,中亚地区便冒出来很多与穆罕默德甚至阿拉伯人毫无关联的所谓"和卓"。新疆的和卓是蒙古统治后期从中亚地区东迁而来的,公元 16 世纪,从中亚迁来新疆的玛哈图木·阿杂木和卓的后代因争夺继承权而分为白山派和黑山派,两派都得到世俗政权的支持,和卓势力也就成为新疆一种社会政治势力,给世俗政权以很大影响。近代以后,和卓势力更是成为影响新疆社会安定的守旧力量。1680 年,和卓勾结北部的准噶尔首领噶尔丹南下,直接导致了察合台汗后裔建立的叶尔羌汗国的覆灭,天山南北处在准噶尔的统治之下。不久,噶尔丹策零时期,由于准噶尔扶持的白山派和卓阿合玛特不听主子的话,噶尔丹策零便将阿合玛特与他的两个儿子波罗泥都、霍集占(一称大、小和卓)一同押解到伊犁地区长期囚禁。

1755 年清朝平定准噶尔部后,大、小和卓获释,出于加强对南

阿玉锡持矛荡寇图

香妃旗装像（宋美龄收藏）

疆地区统治的考虑，清朝派遣波罗泥都返回天山南部地区，而将霍集占留在伊犁地区率领当地维吾尔农民种地。波罗泥都依赖清朝的威望，恢复了白山派对天山南部各地的统治。而霍集占则辜负了清政府的信任，竟参加了阿睦尔撒纳的叛乱，并趁乱逃回天山南部，策动大、小和卓叛乱。1757年，大、小和卓杀死清朝派往该地进行安抚活动的官员阿敏道等百余人，还杀

害了反对他们进行叛乱活动的库车阿奇木伯克鄂对等人的家属，公开举兵反叛。次年，清军在雅尔哈善、兆惠带领下前往平叛，维吾尔首领额敏和卓、鄂对等人协同前往，当地各族民众大力配合协助。1759年，清军分两路从和田和乌什进攻喀什与叶尔羌，大、小和卓不敌，两人随同亲信数百人逃亡巴达克山区，后为当地首领素勒坦抓获并杀死。至此，由大、小和卓挑动的叛乱被清朝平定，清朝政府统一新疆的局面得到巩固和发展。

清朝对天山南北各地的政治统一，顺应了包括新疆各族人民在内的中国人民渴望结束分裂、要求实现祖国统一的愿望，顺应了时代发展的趋势，是自秦汉以后两千多年来，新疆与中国内地统一关系的发展和必然的归宿，体现了新疆历史进程中政治经济文化发展的内在客

观规律和要求。

"伊犁将军"及其驻扎的"惠远城"

1759 年，清朝统一天山南北后，随即从内地各省区抽调满、汉、锡伯、索伦、蒙古等各族军队数万名，携家眷到伊犁地区驻防屯田，同时又组织天山南部各地 6000 多户维吾尔族农户迁往伊犁种地。伊犁一时间成为当时清朝管理新疆军政事务的中心。

由于"伊犁为新疆都会，现在驻兵屯田，自应设立将军总管事务"（《清高宗实录》卷 673），于是，乾隆二十七年（1762 年），清政府发布上谕，在伊犁设立将军总管事务，任命明瑞为"总管伊犁等处将军"，有的清代文献写为"总统伊犁等处将军"，一般简称为"伊犁将军"。将军府治设在惠远城（今霍城县），全疆各地军政事务则分设都统、参赞、办事、领队大臣加以管理。

惠远老城遗址（今霍城县境内）

伊犁将军府（今霍城县）

伊犁将军的权限据《清高宗实录》记载"凡乌鲁木齐、巴里坤所有满洲、索伦、察哈尔、绿旗官兵，应听将军总统调遣。至各回部，与伊犁相通，自叶尔羌、喀什噶尔至哈密等处驻扎官兵，亦归将军兼管，其地方事务，仍令各处驻扎大臣照旧办理"，《平定准噶尔方略续编》中记载"再叶尔羌、喀什噶尔等回城皆在边陲，如有应调伊犁官兵之处，亦准各处大臣咨商将军，就近调拨"。依清朝惯例，将军为一品官员，比省里的巡抚略高，再者将军是武职，一般不过问地方行政事务。而伊犁将军除主理军事外，还兼管地方行政和边防事务，职权比内地设置的将军大得多，但在民政方面则根据各地具体情况采取了不同的方式，例如维吾尔族为主的南疆地区由地方伯克管理；哈密、吐鲁番等地的蒙古、哈萨克游牧区则推行扎萨克制，任用王公、贝勒管理当地民政；而汉族、回族集中聚居的乌鲁木齐、昌吉诸地则按内地的建制实行郡县制。这就是伊犁将军的特殊之处，后人将这种以军事治理为主的制度称为"军府制度"。

伊犁将军之下还设置了各级的管理机构和官员，例如乌鲁木齐都统驻守乌鲁木齐满城（即巩宁城），统管巴里坤以西、乌苏以东、吐鲁番盆地以北驻防的各族官兵，下辖诸办事、领队大臣和巴里坤总兵等官员，并兼管镇迪道事务。乌鲁木齐都统地位仅次于伊犁将军。

总理回疆事务参赞大臣，一称"总理各国回城事务参赞大臣"，主理天山南部各地事务，一开始设置在喀什噶尔，称"喀什噶尔参赞大臣"，1766 年，乌什农民起义被镇压后，迁往乌什，故称为"乌什参赞大臣"，后不久复迁回喀什噶尔，道光年间又迁至叶尔羌，又称为"叶尔羌参赞大臣"。所属官员主要有喀喇沙尔（焉耆）办事大臣、库车办事大臣、阿克苏办事大臣、乌什办事大臣、叶尔羌办事大臣、和阗办事大臣及英吉沙尔领队大臣。除此之外，属伊犁将军节制，同时管理今伊犁地区北部广大区域的塔尔巴哈台参赞大臣，以及同伊犁将军同驻惠远城，协助伊犁将军办理伊犁地区军政事务的伊犁参赞大臣。

清朝管理新疆事务初期，以伊犁将军为统帅的"军府制"对于恢复经济、巩固边疆安全发挥了重要作用。但是，随着形势的变化，这种以军政、民政分治为特征的制度难以适应历史的发展。1884 年新疆建省以后，新疆建制同于内地，实行巡抚为主管的郡县制，伊犁将军仅管辖伊犁、塔城两地驻军，并节制伊塔道事务。1911 年辛亥革命后废除。

清朝伊犁将军府治——惠远城，位于美丽的伊犁河谷北部。根据文献记载，伊犁将军初驻绥定城（一称乌哈尔里克，今霍城县水定镇），乾隆二十七年（1762 年），为参赞大臣阿桂所建。这里是伊犁东通果子沟要道的中介，又是进入伊犁地区的门户，战略地位非常重要。随着清朝管理伊犁地区军政体制的日趋完善，人员锐增，绥定城规模太小，已容纳不了伊犁将军下辖的众多军政衙署和官员。乾隆二十八年（1763 年），伊犁将军明瑞奏请建筑新城，经清政府批准移兵修造惠远城，不到一年时间即修造完成，城址位于今霍城县城东南 15 公里处，南频伊犁河。乾隆遂赐"惠远城"，即"大皇帝恩赐远方"的意思。门四：东曰景仁；西曰说（悦）泽；南曰宣恺；北曰来安。

惠远城建成后，曾经扩修，致使其规模范围进一步扩大，例如惠远城最初周长九里三分，城高一丈四尺，周一千六百七十四丈。乾隆

綏疆懋績

伊犁将军兆惠像

五十八年，即保宁任将军时期，惠远城已创建三十余载，因八旗兵丁生齿日繁，房屋狭窄，原建房间不敷居住，于是奏请城市复向东部扩展二百四十丈，如此则新旧城共十里六分三厘。天山北部地区最大的城镇迅速崛起。

惠远城仿照中国传统建筑模式修造，布局整齐划一，纵横四条大街直通东西南北四座大门，大街四周分布小巷共四十八条，城市中心是高大的钟鼓楼，气势雄伟。城里分布着包括伊犁将军衙署在内的官府大小衙署二百多所，八旗官兵住房一万余间。城内外还分布着各民族修建的坛寺庙宇多所。据乾隆四十年（1775年）成书的《伊江汇览》统计，此时惠远城的满洲蒙古官兵凡四千三百六十八户，计大小一万八千三百六十九名，可以说是新疆第一重镇。

伊犁将军府位处惠远城东街。惠远城同时是新疆的商贸中心，不仅如此，该城在乾隆中期还是新疆地区的教育文化中心，乾隆三十一年（1766年），"每旗各设学房一所，教授八旗子弟"，三十四年，伊犁将军永贵上奏，于惠远城建立满、汉、蒙古官学各一所，位置在惠远城营务处旁侧，同年又在两满营里各设义学一所，五十七年，清朝在伊犁建立俄罗斯学校一所。惠远城还设立万寿宫、关帝庙、巴蜡庙、刘孟将军庙、火神庙、老君庙、城隍庙、龙王庙、风神庙、子孙圣母庙、社稷坛、先农坛、文昌宫、文昌阁、真武庙、魁星阁、祠堂、节教祠、喇嘛寺等18座（松筠《钦定新疆识略》卷四）。伊勒图将军修建于城南的"鉴远楼"和保宁将军修筑的"望河楼"气势独特，将中原汉儒文化观念移入西北边陲，遂成为边城驻防将士、文人墨客相聚酬答和抒发情怀的一道风景。

以惠远城为中心，清朝先后在其附近地区修建了塔勒奇（今霍城县三道河子乡政府驻地东北）、宁远（今伊宁市）、绥定（今霍城县水定镇）、惠宁（今霍城县巴彦岱镇）、广仁（今霍城县芦草沟镇政府驻地）、瞻德（今霍城县清水河镇）、拱宸（今新疆兵团农四师62团团部）、熙春（今伊宁市汉宾乡）八城，时称"伊犁九城"。

清同治年间的社会动荡，以及当时伊犁河水的泛滥，终致惠远城废弃，人们将这一时期的惠远城称作"惠远老城"。光绪初年清朝收复新疆并建省之后，根据形势的需要在原城址北面重建惠远城，今天游客一般所见的惠远城故址即该城遗址，我们称其为"惠远新城"。新城基本仿制旧城修造，略小，形制差异不大。

屯田戍边

屯田之举最初起因于边疆地区远离中原，出征兵士供给困难，而当地生产无法提供足够粮饷，因而由政府组织戍边士兵们从事农业以满足日常生活所需，平时务农，战时出征。到后来才逐渐发展到民屯等多种形式。从汉朝开始一直到清朝，中央政府都不同程度地在天山南北各地广兴屯田，实施屯垦戍边战略。屯田垦荒有利于新疆经济的开发，对于巩固中央政府对边疆地区的军政管辖以及维护当地社会的稳定起到了重要作用。

西域屯田始于西汉时期，汉朝在西域的屯田垦荒与其政治上统一天山南北各地基本上是同时进行的。据《史记·大宛列传》记载，早在西域都护府建立之前，汉武帝太初四年（前101年），西汉政府在取得伐大宛胜利后即置"使者校尉"，"仑头有田卒数百人，因置使者护田积粟，以给使外国者"，之后，从唐代到蒙古元朝时期，随着中央王朝对天山南北各地治理管辖范围的扩大，新疆屯田事业续有发展。屯田之举使天山南北许多地方成为田地肥广、草牧饶衍的垦区，驻防汉军"兵可不费中国而粮食自足"，还推动了内地先进的农业生产经验和技术的西传。

清朝以后，新疆的屯田戍边、农垦事业规模空前，始于清康熙、雍正年间的以筹集军粮为主旨的兵屯举措，在乾隆年间清朝统一新疆

清宫画家绘《哈萨克贡马图》（现藏法国吉美博物馆）

之后，更是得到进一步发展，并形成包括兵屯（由驻防的绿营士兵进行的屯田）、回屯（由维吾尔农民进行的屯田）、民屯（一称户屯，指从内地迁徙来疆的汉族、回族农民进行的屯田）、旗屯（由锡伯营、满营等八旗兵丁进行的屯田）、犯屯（由内地发配到新疆的犯人所进行的屯田）、商屯等多种形式的农业开发事业。屯田之举还极大地带动了内地人口的迁徙，而农耕经济的发展又推动了新疆人口规模的大幅增加，清代屯田的规模和范围以及所取得的成就都远远超过从前。据统计，到嘉庆年间，天山北部的乌鲁木齐、巴里坤、伊犁的自耕农已有 20 余万人，开垦土地 108 万亩以上。

清朝屯田垦荒事业不仅推动了新疆农业经济的进步和社会的发展，改变了新疆长期以来以天山为界南农北牧的经济格局，为近代乃至现代新疆农业的发展准备了条件，还增强了清政府对西北边陲的军政管理能力，巩固了清朝对天山南北各地的政治统治。

避暑山庄的贵客

河北承德避暑山庄是清朝皇帝围场行猎的宫殿所在。在该地的普陀宗乘庙内，有两块乾隆皇帝亲自撰写的石碑尤其引人注目：一块是

土尔扈特风情（清明福绘，现藏中国国家博物馆）

《土尔扈特全部归顺记》；一块是《优恤土尔扈特部众记》。碑文记载了公元18世纪蒙古土尔扈特部冲破沙俄的尾追堵截，最后从伏尔加河流域东归祖国的伟大壮举，深刻反映了新疆各族人民对祖国故乡的依恋爱国之情。

　　作为清代蒙古卫拉特部的一部分，土尔扈特部起初活动在今新疆的塔尔巴哈台（今塔城）一带地区，公元17世纪30年代，为了避免被卫拉特蒙古的另一支准噶尔部兼并，土尔扈特部遂从故乡向西迁徙，至今伏尔加河流域游牧定居。之后，沙俄势力逐渐拓展并控制了这一带地区，沙俄用威逼利诱等种种手段，强迫土尔扈特部归附俄国，但是他们坚决不屈服，始终怀念故乡，同祖国保持着密切的联系。土尔扈特部第三代首领阿玉奇汗在位时期，就派遣使者向清朝贡献方物、汇报本部情况，康熙皇帝曾亲自接见了土尔扈特部的使者，并深为土尔扈特部"坚其内向之心，不为他族所利用"的爱国气节所感动，于1712年派遣内阁侍读学士图理琛为首的大型使团前往伏尔加河探望他们，当时阿玉奇汗已明确表示"我终归中国矣"。

1770年冬季，由于实在无法忍受沙俄的欺凌和政治压迫，土尔扈特部首领渥巴锡毅然率部17万人踏上东归祖国的旅途。俄国沙皇为了阻止土尔扈特部东归，在路途中设置了各种障碍和一道道防线。土尔扈特部与尾追而来的沙俄骑兵进行了艰苦卓绝的斗争，在乌拉尔河畔，就有1万多名土尔扈特士兵在同沙俄骑兵的血战中壮烈牺牲。除此之外，他们还要同险恶的自然环境作斗争，东行期间，正逢春天冰融雪化，沿途草原泥泞难行，又因为缺吃少穿，瘟疫流行，土尔扈特人员和牲畜大批死亡。然而，这一切困难都阻挡不住他们返归故乡的步伐。至1771年8月底，渥巴锡带着部众历尽千难万险，终于渡过伊犁河，进入新疆境内，回到他们魂牵梦绕的祖国，此时幸存者只有7万多人，牲畜死伤殆尽。土尔扈特部的归来受到清朝政府的热烈欢迎，渥巴锡向当时清朝驻守新疆的最高长官伊犁将军献出他们的先世所授明朝永乐皇帝赐封的玉印，乾隆皇帝命令伊犁将军和乌什参赞大臣专门负责接待安置，又拨库银20万两帮助土尔扈特部购买牲畜及生产生活用品。同年9月，乾隆于承德避暑山庄召见渥巴锡，对其率部东归的行动表示赞赏，并封渥巴锡为卓理克图汗，意"英勇汗"。与此同时，乾隆还亲自撰写了《土尔扈特全部归顺记》和《优恤土尔扈特部众记》两块碑文以记此事。

东归祖国的土尔扈特部后来被分别安置在水草肥美的裕勒都斯草原与和布克赛尔等地区游牧，他们也是今天中国新疆巴音郭楞蒙古自

治州、和布克赛尔、乌苏、博尔塔拉蒙古自治州和精河等地蒙古族的祖先。

西北边疆"失落的土地"

19世纪中叶清朝在鸦片战争中的失败，使中国逐渐沦为半封建半殖民地社会，作为祖国西北边陲的新疆也成为外国列强，特别是沙皇俄国蚕食瓜分的首选目标。新疆各族人民反对外国入侵、反对分裂，以及反对封建剥削压迫的斗争任务更为繁重，新疆同祖国的命运越来越密切，各民族人民团结奋进，英勇斗争，用鲜血和生命保卫祖国的领土和主权不受侵犯。

1851年8月，沙皇俄国在完成对西伯利亚的扩张之后，开始蚕食侵占中国领土。俄国利用中国在鸦片战争之后的不利局面，使尽威逼利诱的伎俩，与清朝政府签订了《中俄伊犁塔尔巴哈台通商章程》，简称为《中俄伊塔通商章程》。通过这个章程，俄国获得在新疆设立领事、在伊犁塔城两地通商免税、建立贸易圈、享有领事裁判权等特权。这个章程给俄国领事公开在我境内搜集情报提供了便利条件，更给俄国商人大肆盘剥中国的经济利益打开方便之门。所谓"领事裁判权"，就是俄国商人在中国期间犯罪，不受中国官员和法律制裁，而由俄国单方面处置，中国的主权因此遭到严重践踏。

国家虚弱，列强逞雄。1855年，沙俄驻中国塔城领事塔塔林诺夫为了强占塔城地区的雅尔噶图金矿，竟率领200余名侵略军，使用极残忍野蛮的手段，杀害中国各族矿工200余人。以安玉贤、徐天尧为首的塔城各族矿工奋起反抗，他们组织起来，抬着死难者的尸体到当地衙门请愿，要求清朝政府捍卫矿产主权，为死难者伸冤。谁知衙门中专理与俄国通商事务的官员萨比屯竟是一个与沙俄领事塔塔林诺夫打得火热的民族败类，他不但不替矿工们说话，反而把矿工代表徐

喀什俄国领事馆旧址

天尧、安玉贤等人打了一顿。然而，中国人民不可辱，以徐天尧、安玉贤为首的矿工们并没有屈服。1885 年 8 月 26 日，徐天尧、安玉贤率领各族矿工五六百人聚集在沙俄贸易圈附近，为表示对侵略者的愤怒，用苇子点燃了沙俄建在塔城的贸易圈，正巧当夜天黑风大，火仗风势，越烧越旺，沙俄贸易圈内 51 间住房和屯积货物的库房几乎焚烧殆尽。塔塔林诺夫和俄国商贾们如丧家之犬，狼狈地逃离塔城。这次事件沉重地打击了俄国侵略者的嚣张气焰，表现了各族人民不畏强暴、捍卫祖国主权的英勇气概。

《中俄伊塔通商章程》是新疆近代史上第一个不平等条约，这个章程为俄国进一步蚕食侵占中国西北领土开了先例。继 1858 年沙俄通过《中俄爱珲条约》和 1860 年《中俄北京条约》先后割占中国东北地区 100 多万平方公里领土之后，1864 年，沙俄利用军事和外交恫吓手段强迫清政府签订《中俄勘分西北界约记》，割占了中国新疆 44 万平方公里的领土。之后，随着 1881 年《中俄伊犁条约》等不平

俄国驻塔城领事馆

等条约的签定，俄国又侵占了新疆 7 万多平方公里的土地。这样以来，从 19 世纪中叶以后，俄国共割占巴尔喀什湖以东、以南的中国西北边境地区 50 多万平方公里的领土。清政府的腐败和无能使新疆多次遭受西方列强瓜分侵占的危险，沙俄对中国新疆大片领土的侵占更加重了新疆的社会矛盾。

从东南到西北：林则徐遣戍伊犁

林则徐（1785—1850），字元抚，又字少穆、石麟，晚号俟村老人、七十二峰退叟，福建福州人。清嘉庆十六年（1811 年）中进士，先选任翰林院庶吉士，授编修，又任国史馆协修，江西、云南乡试考官，后外放杭嘉湖道员，道光年间以后历任江苏、陕西按察使署布政使，湖北、河南、江宁布政使，江苏巡抚等职。道光十七年（1837 年）升授湖广总督，英国鸦片大量泛滥于国内，白银外流严重，林则徐因在职期间力主严禁鸦片，举措为天下人所称道，尚得道光皇帝重视，十八年奉召进京，特命为钦差大臣，加兵部尚书衔，驰往广东督办禁烟。翌年春天，于广州城东南的珠江入海口，即虎门寨下海滩旁，亲自主持将收缴来的鸦片共计2376254斤（19179箱、2119袋）尽数销毁，向世界表明了中国人民抵抗外来侵略的英勇气概和民族正气。同年底，林则徐被授为两广总督。道光二十年，英军侵华鸦片战争爆发，中国战败。次年九月，英

林则徐雕像

军占领香港，道光帝以广东战败之责归咎林则徐，革去其职务，"从重发往伊犁，效力赎罪"，林则徐接旨后随即踏上戍途。待行至西安，因病不能起身，呈请病假，租屋暂居。待到1842年8月，大病初愈的林则徐告别体弱多病的妻子，在三子聪彝、四子拱枢陪伴下乘马车从古都西安启程继续赴戍。

从清朝道光二十二年（1842年）七月初六，即阳历8月11日，林则徐离开西安，迄十一月初九，至遣戍目的地——伊犁，西行途中共走了三个多月，此间他涉水行车，逾险峻高峰，历茫茫戈壁，路途生活极为艰苦。虽然如此，林则徐依然于戍途中调查研究，留意地理分布及边疆防务，了解民间疾苦，并坚持每天记日记的习惯，从无间断，至抵达伊犁，他竟写下长达15000余字的行程日记，将每天所历事情及途中自然地理等情况一并收入，内容非常丰富。

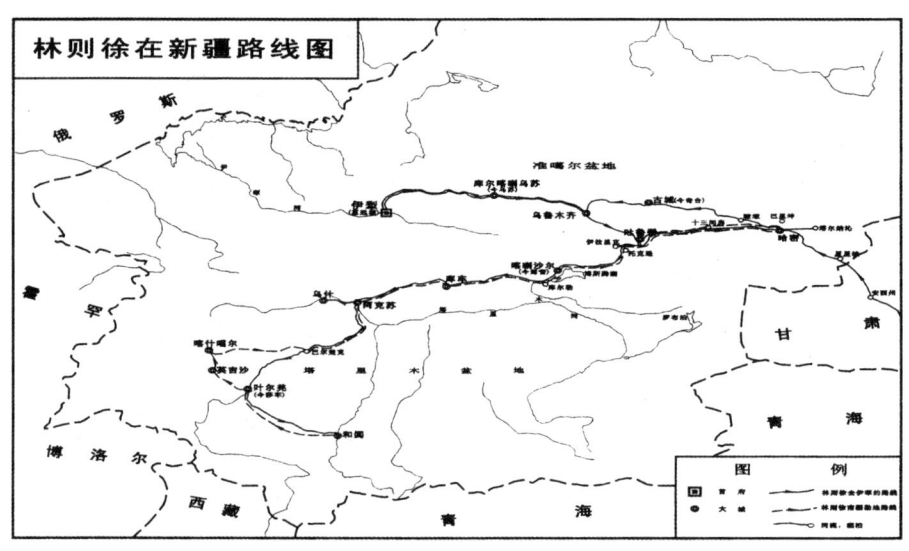

林则徐在新疆路线图

　　抵达伊犁后，林则徐将他的日记删削整理成书，以《荷戈纪程》冠名流传。这部记录他西戍经历的日记是今天人们了解清末新疆地理交通及社会情况的重要资料，探索林则徐遭戍期间思想和社会活动的珍贵线索。由于该书以记录哈密以北传统的丝路北道为主，同他留给后世的另一部以叙述他南疆各地勘田经历的《乙巳日记》相搭配，前后映趣，构成后人整体认识清末天山南北诸地自然风光和社会状况的全书。

　　《乙巳日记》的成书则与林则徐在被贬戍新疆期间的另一件壮举——"南疆勘田"相关。"勘田"即实地勘丈所查各城新垦地亩，复查这些垦地是否可垦和如何处理的问题，以便为进一步开发这些地区作参考。1845年1月17日，年已花甲的林则徐在三子聪彝陪伴下，从伊犁将军府驻地惠远城戍所出发，踏雪东行，开始了他的南疆勘田之行。由此到7月18日，林则徐一行先后勘查了库车、乌什、阿克苏、和阗、叶尔羌、喀什噶尔和喀喇沙尔七城垦地，中经英吉沙尔，之后又履勘伊拉里克（今托克逊县）、哈密新垦地，至同年底，他在哈密接到"饬令回京"的旨令，前后将近一年时间。林则徐行程约 1.7 万里，勘田总数据《清史列传·全庆传》记载，共为 689718 亩。如此规模的遍勘南疆垦田事宜，也是破天荒第一遭。林则徐南疆勘田为清政府正确做出有利于各族百姓生计、发展边疆农业经济的政策提供了可靠依据，其积极作用和意义是毋庸置疑的。

虽然勘田事务繁杂，困顿劳累，但是，林则徐每到宿营地，仍"从容就案记事"，且"途间日日如之"。每日所见所闻，从行程所经到台站里数，从天文气象到山川地形，从朋僚来往到函牍收发，以及屯垦政务和各地风土民情，林则徐在日记里俱作了详实的记录。他还将日记寄给家人，作为家书补充，供其办事参考。20 世纪 80 年代，林则徐后代将其家藏《抵金记轶·乙巳》钞本刊布面世，世称《乙巳日记》。

鸦片战争的失败使古老的中国沦入半殖民地半封建的社会形态中，也导致了林则徐个人的悲剧性命运。尽管如此，他仍然以"苟利国家生死以，岂因祸福避趋之"的博大胸怀，身处逆境而不自馁，兢兢业业、脚踏实地地为边疆各族人民做好事，发挥自己的余热。遣戍伊犁的经历，给林则徐这位令人尊敬的民族英雄又添上了辉煌的一笔。

左宗棠临危受命

就在沙俄大肆侵吞中国新疆领土的同时，由于清朝衰落，就连毗邻新疆的浩罕小国也产生了伺机吞并中国领土的野心。18 世纪中叶以后，浩罕汗国利用同中国新疆毗邻、有道路相通的便利，一直豢养从新疆跑出去的封建和卓后裔，利用他们干扰中国新疆内政。进入 19 世纪，他们更是利用当时对中国不利的国际大环境，不时策动和卓入疆作乱。1847 年的卡塔条勒和倭里罕为首的"七和卓之乱"就是浩罕贵族纵容支持的结果。这些反动和卓打着"圣战"的旗号，

清朝爱乌罕回人、浩罕回人（今乌孜别克族，清朝谢遂绘制）

攻城掠地，无恶不作，给新疆各族人民的生活带来深重灾难。1865年，浩罕汗国军官阿古柏在英、俄两国支持下，挟持张格尔后代布素鲁克公然进犯南疆，乘清军布防不严、兵力不足之机，先后侵占了天山南部的喀什噶尔、英吉沙尔、叶尔羌、和田、阿克苏、乌什、

阿古柏像

库车诸地。1867年，阿古柏悍然建立"哲德沙尔汗国"（即七城汗国），此后，他又先后占领了天山东部的吐鲁番、迪化（乌鲁木齐）等地，至此新疆大半部处在阿古柏统治下。阿古柏建立的哲德沙尔汗国是一个真正的侵略政权，他对各族人民实行残酷奴役，从而遭到新疆各族人民的激烈反抗，和田一战，当地各族人民就有五万多人被杀害。阿古柏还实行宗教专制，强令其他民族

皈依伊斯兰教，不从者被杀的多达数万人。阿古柏反动政权对天山南北各地的血腥统治激起了各族人民的极大愤慨。

翌年，沙俄又借口伊犁农民起义和阿古柏势力威胁到俄国安全，打着保护和代守的旗号，公然出兵占领伊犁，将之强归俄国七河省管辖，并进而觊觎整个新疆。中国西部疆域在大小列强蹂躏下呜咽，新疆面临着被外国瓜分侵占的危险。

左宗棠画像

面对新疆日益恶化的社会局势和中国西部疆域将被瓜分的危险，清朝政府在经过一场"海防和塞防"的争论之后，西北防务重新得到清朝统治者的关注和重视。光绪元年（1875 年），年事已高的陕甘总督左宗棠受命于国家危难之际，就任钦差大臣，督办新疆军务。为了使西征之役大获全胜，他不仅制定了"先北后南""缓进速战"的进军路线和正确的战略战术，还储备粮草武器，整顿军风士气，进行了周密的准备工作。1876 年，左宗棠进驻肃州指挥作战。六月，清军七万余人在刘锦棠的直接率领下直插北疆地区，连克乌鲁木齐、玛纳斯、吐鲁番等地，大败侵略军，阿古柏走投无路，被迫服毒自杀。随后，清军乘胜追击，挥师南下，连克焉耆、库尔勒、阿克苏、乌什、喀什、和田等南疆诸地，至光绪三年（1877 年）底，清军已陆续收复了天山南部诸地，阿古柏在新疆建立的侵略政权覆没。清朝收复新疆的军事行动，得到处于水深火热之中的新疆各族人民的鼎力帮

清军收复乌鲁木齐战图，现藏中国国家博物馆。

助和大力支持。

阿古柏侵略政权的覆没，为清军收回伊犁创造了有利条件，为了早日收回伊犁，必须对沙俄施加军事压力，为此目的，左宗棠不顾年老体衰，以68岁的高龄，亲临哈密大营指挥，相传他使人抬着棺材以示与沙俄决一死战的雄心，老帅的举动极大地鼓舞了清军士气。光绪七年（1881年）二月，清政府使臣曾纪泽（曾国藩之子）前往俄国商谈收回伊犁事宜。经过与沙俄的艰苦谈判，几经周折，最后双方签订了《中俄伊犁条约》，条约议定次年沙俄军队撤出伊犁，中国以赔偿沙俄军费900万卢布（合500多万两白银），允许俄商在新疆贸易不纳税，俄国在嘉峪关和吐鲁番设领事等条件为代价。八年（1882年），被沙俄强行占领长达11年之久的伊犁终于回到祖国怀抱。

在当时清朝积贫积弱、任人欺辱的境况下，左宗棠的雄心、曾纪泽的努力终于有了一个结果。今天，新疆哈密地区的老人仍将渠水边的垂柳称作"左公柳"，以表示对这位治边大吏的敬重和怀念。

1884：新疆设省

19世纪中后期，新疆政治上的内忧外患明显地暴露了新疆社会的弊病和军政管理方面的漏洞，特别是"军府制"和维吾尔地区带有浓厚的封建农奴制统治残余的伯克制度，严重阻碍新疆社会的进步和发展，在这一时期的社会动荡中被摧毁殆尽。清朝乾隆年间统一新疆后，除东部乌鲁木齐、巴里坤一带推行内地军政管理制度外，全疆大多数地区一直实行"军府制"的管理制度，就其实质而言，"军府制"是管军政而不管民政，军政民政分治，民政多由本地王公伯克管理，在缺乏有效的监督机制的封建社会，伯克专权，容易形成尾大不掉的地方封建割据势力，很不利于新疆的社会安定和经济发展。19 世纪新疆各地发生的社会动乱不仅证明"军府制"已不适合新疆社会发展要求，而且封建伯克制度也受到沉重打击，因此，建立行省，推行郡县制成为新疆历史发展的必然趋势。

新疆设省之举，清朝酝酿已久，早在嘉庆二十五年（1820 年），著名政治家龚自珍撰写了著名的《西域置行省议》，提出新疆建省设

伊犁惠远新城的钟鼓楼

新疆设省谕旨

想。尔后清军收复新疆时，左宗棠在光绪三年（1877年）上呈的奏折里已提出"设行省、改郡县，为新疆画久安长治之策"的意见。随后，陕甘总督谭钟麟、钦差大臣督办新疆军务刘锦棠等人又数奏论述，遂使建省之说臻于完善。光绪十年（1884年）十月，清政府发布新疆建省上谕，新疆省正式建立，按当时率领清军驱逐阿古柏入侵势力，并从沙俄手中收回伊犁的左宗棠奏议中言，此时新疆是"他族逼迫，故土新归"，意为原来是中国的领土，被外国入侵者占领后，现在重新又被收复回来，自后，通行"新疆"之名，再不使用"西域"一名。当时刘锦棠被任命为首任新疆巡抚，仍以钦差大臣督办新疆事宜。刘锦棠就任后，将迪化直隶州升为府，新疆军政中心由伊犁移到乌鲁木齐。随即调整配置各地军政机构职官，伊犁将军不再总统全疆军政事务，驻军制度与内地各省基本一致。民政方面取消伯克制度，行政建置省以下有道、府、州、县诸级。至清末，即宣统元年（1909年），新疆省行政建置下辖4道，道以下共隶有6府、10厅、3州、21个县或分县。

新疆省的建立结束了自清朝乾隆以来在新疆长期实行的军府体制，使新疆与内地行政建置一致，政令一致，最后确立了近代中国的西北边界。新疆同中原地区的政治、经济和文化方面的联系更加紧密。中华民族各族人民在近代反帝爱国斗争中增强了凝聚力，完成了从自在民族到自觉民族的转换，从而增强了防范外国侵略势力与当地反动伯克相互勾结、发动分裂叛乱的能力，促进了新疆社会的安定和经济进一步发展，巩固和加强了国家的统一和民族的团结。这对于新疆社会经济的发展和进步，对于多民族统一国家的形成发展，客观上都有不可低估的意义，它无疑是保证近代中国西部领域安全的一项重要举措。清王朝在当时民族矛盾、社会矛盾十分激化的背景下，能够收复新疆，并建立新疆行省，将府县制度全面推行于全疆，这显然是中国历史上应予肯定的一件大事。

蒲犁厅衙门遗址（在今帕米尔高原的塔什库尔干塔吉克自治县境内）

清人笔下的西域各族形象

　　清人谢遂等绘制的《皇清职贡图》大致形成于乾隆时期。据纪昀在后来的《皇清职贡图》提要中所言，该图绘制过程中，画工们"或奉赍贡筐，亲睹其人，或仗钺乘轺，实经其地"。所以，该图文形成虽曾借助魏晋时期梁元帝《职贡图》的形式，但无论从时代背景，操作此事的原因，以及实际结果皆超越前者，特别是其真实性和可靠性。《皇清职贡图》是对清代新疆各族区域分布、历史演变和社会风貌的真实记录。

　　今台北故宫博物院典藏谢遂《皇清职贡图》画卷总共四卷，俱宣纸本，设色画，共计 301 幅图，其中涉及新疆及以西诸外藩情况的图文内容共二十余幅。一般认为该画卷应是人们所知道的乾隆四十七至五十五年期间（1782—1790 年）文渊阁写本《皇清职贡图》和嘉庆十年（1805 年）刊印的《皇清职贡图》的原本。

哈萨克族（清朝谢遂绘制）

　　谢遂《皇清职贡图》的形成是当时清朝乾隆时期国力强盛、经济文化繁荣的真实写照，该画卷采用图像和图说并茂的形式，再现了清朝乾隆时期边疆各族的形状相貌、衣着穿戴、服饰打扮，其中除了不多的当时朝贡的外藩和属邦外，绝大多数都是今天中国新疆地区少数民族的剪影，真实再现了清代新疆地区多民族共聚生活的历史画卷。

清朝哈密维吾尔族（清朝谢遂绘制）

清朝吐鲁番维吾尔人（清朝谢遂绘制）

布鲁特人，今天的柯尔克孜族（清朝谢遂绘制）

　　根据研究，明末清初，西域各地的民族聚居分布在经历多次交往融合过程后，大体上形成了北部以西蒙古的准噶尔人为主，南部以回部为主的民族分布格局，也有人称之为"北准南回"。

　　清朝在相继平定了准噶尔、大、小和卓妄图分裂的叛乱，完成对天山南北各地的军政统一之后，为了巩固其统治，护卫西北边防，推进新疆屯垦经济的发展，清政府对此前新疆民族组成和分布重新进行

库车高台民居，一称穆罕默德·尼亚孜霍加住宅。初建于1887年。

了整合，例如，从内地迁徙满族、汉族、回族、蒙古族（察哈尔部）、锡伯族、索伦（达斡尔族）等军民到新疆长期驻防屯田；将天山南部的维吾尔族农民调到伊犁种地生产（塔兰奇），接受中国西北沿边哈萨克族、布鲁特族（柯尔克孜族）、浩罕族（今乌孜别克族）等部臣服；在天山南北安置回归祖国的土尔扈特蒙古等部。

　　清朝政府采取的这些军政措施，使新疆的民族成分增加，初步奠定了近代新疆多民族共处发展的格局。之后，随着国内外形势的变化，以及清政府和民国时期民族政策的调整，新疆又增加了俄罗斯、塔塔尔、乌孜别克等民族，而哈萨克、柯尔克孜、塔吉克等民族成为中俄之间的跨界民族。清朝政府这些有关新疆民族分布状况的整合举措和政策，对于中国统一的多民族国家的形成，以及近代新疆多民族格局的形成起到了至关重要的积极作用。至此，由维吾尔、汉、哈萨克、回、蒙古、柯尔克孜、满、锡伯、达斡尔、塔吉克、塔塔尔、乌孜别克、俄罗斯等13个主要民族组成的近代新疆多民族分布格局基本形成。

晚清新疆文物的流失

鸦片战争后，西方资本—帝国主义列强在进行经济侵略掠夺的同时，还派出各种名目的"考察队""探险队"到中国西北地区境内进行各种类型的"科学考察"，收集政治、经济和文化情报以及对中国文化瑰宝进行挖掘抢夺。据初步统计，从 1840 年至 1949 年的一百余年间，来新疆进行所谓"考察"的俄国、德国、英国、日本、瑞典等国家探险队就有几十支之多，这还不算那些从事探险旅游活动的个人。

最早对新疆进行考察的是俄国人，如 1856 年的彼·彼·谢苗诺夫对中国天山地区的地理考察，以后又有哈明托夫带领的军事地形测绘团，以及从 1870 年至 1888 年间曾 4 次到中国西北地区进行考察的尼科莱·米哈伊洛维奇·普尔热瓦尔斯基。虽然这些考察当时都冠以地理和动植物科学考察的名称，但事实上也有很重的政治色彩。在此期间，英国等西方各国也派遣考察队到新疆进行各种目的的考察。1890 年，一位名叫鲍威尔的英国中尉在新疆库车发现了一本用古代婆罗谜文书写的文书，自此，西方各国都先后派出考察队和考古队在新疆进行挖掘和搜集活动。最有名的有瑞典人斯文·赫定，英国籍匈牙利人奥里尔·斯坦因，法国人伯希和，俄国人鄂登堡、克列门兹，德国人格伦威德尔、阿尔伯特·冯·勒柯克，以及日本人大谷光瑞、橘瑞超等。这些"探险家"们的步履几乎遍

斯坦因与吐鲁番民工合影

格伦威德尔与勒柯克在克孜尔石窟中

及天山南北各地，中国的文物古迹遭受空前浩劫。大量珍贵的文物、壁画、古钱、各种文字的写本，甚至古尸都被运往国外，很多文物遗址遭到前所未有的破坏。1898年，俄国人克列门兹在吐鲁番地区采用野蛮的方式切割下伯孜克里克千佛洞壁画中的精华部分。1904年底，阿尔伯特·冯·勒柯克率领德国探险队再次在吐鲁番地区用刀子和狐尾锯从墙上将整块整块的壁画切割下来，随后再用棉絮、木板进行包扎，装在柳条筐或木箱内运回柏林。今天，在这些千佛洞窟中仍能见到墙上留下的一片片空缺，那就是克列门兹、阿尔伯特·冯·勒柯克等人切割后的残迹。最使人感到痛心的是，那些被格伦威德尔、阿尔伯特·冯·勒柯克等人窃回德国后存放在柏林博物馆里的伯孜克里克壁画于第二次世界大战中损失了40%，其中28幅最大的壁画在盟军飞机的轰炸下都已化为灰烬。

154

民国风云

　　新疆的命运与中国内地密切相连，特别是近代以后，当国家的概念已成为一种大家认同的理念之后，边疆地区各族人民更是深切感受到国家强盛衰败对自己的影响。步入近代以后的新疆各民族人民，继承爱国主义的光荣传统，为维护国家统一和反对祖国分裂，进行了不屈不挠的斗争，为新疆的社会发展和进步作出了应有的贡献。

辛亥革命的尘封一页

　　曾经强盛的大清王朝进入 20 世纪后，已是穷途末路，日渐衰败，古老的中国大地上，资产阶级革命运动风起云涌，日益高涨。革命党人的足迹也踏上新疆的土地，他们或隐藏在军队中从事秘密革命工作，或兴办如《伊犁白话报》等进步刊物，传播资产阶级民主革命思想，为即将爆发的伟大革命制造舆论，从而拉开了资产阶级革命派领导的新疆民主革命的序幕。

　　新疆地区的辛亥革命过程分为两部分，前期是迪化起义，后期是

《伊犁白话报》影印件

以杨缵绪、冯特民、李辅黄为首策动的伊犁起义，二者之间有着必然的因果关系。

领导迪化起义的革命党人刘先俊等人是新疆辛亥革命的先驱。刘先俊，湖南人，早年参加同盟会，留学于日本陆军士官学校，归国后曾先后在湖南、江苏等地充任教司、管带等职。1911 年 10 月 22 日，即武昌起义胜利后的第 11 天，刘先俊从湖南起身抵达迪化城，借助其舅父与时任新疆巡抚袁大化的关系，担任督练处教官。刘先俊对此毫无兴趣，而是借机秘密联络当地革命党人，建立组织，团结联合了一大批志同道合的同志，准备武装起义，然而由于内部出现叛徒，此计划泄露，遂被迫于 12 月 28 日于迪化城发动起义。当晚，刘先俊亲率百余人，左臂缠白布为号，手持枪械，进攻各处军事要地。由于准备仓促，加上清军事先有所提防，起义遭挫，刘先俊等人在经过浴血奋战之后，寡不敌众，被俘后被残酷杀害，同时遇难者有 80 多人。

迪化起义仅仅坚持了 16 个小时就被封建势力残酷镇压，虽然如此，却在新疆这片广袤地区吹响了推翻清朝封建统治的号角。时隔 10 天，在清朝统治新疆的重地——伊犁惠远城，爆发了更大规模的革命党人起义。这次起义汲取了迪化起义的教训，进行了比较充足的准备，譬如革命党人冯特民创办了用汉、满、维、蒙四种文字出版发行的《伊犁白话报》，启蒙民智，宣传革命思想。又如革命党人在清军中积极发展同盟会员，建立革命组织，并团结各族民众，结成共同反抗清政府的同盟。

1912 年 1 月 7 日，以杨缵绪、冯

杨缵绪像

民国时期伊宁的集市街

特民、李辅黄为首的革命党人在伊犁策动起义成功，捕获并枪毙了顽固地与革命军作对的最后一任伊犁将军——志锐，成立新伊大都督府，从而宣告了清朝在伊犁反动统治的结束。新伊大都督府的成立受到各族人民的欢迎和拥护，随之革命党人积极扩大战果，派兵继续向东部进发。从1912年初开始，新伊大都督府派军东征，与清军在精河一带地区作战，屡获胜利。与此同时，全国形势出现很大变化，南北议和，清帝退位，随着孙中山被迫卸任，袁世凯和黎元洪分别担任了临时正副总统。遵照北京政府"速停战事"的电令，新伊大都督府停止进攻迪化，袁大化逃亡内地，经过谈判，双方于此年4月在塔城停战议和，确认杨增新为都督，主持新疆政事，新伊大都督府被撤消。

杨增新上台后，采用各种软硬兼施的手段，迫使革命党人妥协，资产阶级领导的伊犁起义以失败告终。

伊犁起义激发了新疆各族人民反帝爱国斗争的热情和斗志。1912年6月，于阗策勒村各族群众不堪忍受沙俄驻喀什领事指使下的俄商色依提阿吉无理打死中国群众和士兵的罪行，愤起反击，杀死沙俄侵略者，焚烧色依提阿吉宅院，捣毁沙俄非法设立的商务机构，给侵略者以沉重打击。虽然这场被称为"策勒村事件"的爱国斗争在中外反动派相互勾结下遭到不公正的处理，但是各族人民抗击外国侵略者、不畏强暴的精神却永载史册。

终于新疆的"杨将军"

不久之前曾听到一个笑话，说一位人类学家在 20 世纪 80 年代前往偏僻的南疆山区做社会调查，期间一位受访的高龄老人随意地问了一句，"杨将军还在不在？"采访者愕然。

从清末至民国时期，就中央王朝派遣镇守新疆的诸位封疆大吏而言，杨增新无疑是在位年代最久、对新疆近代历史影响最深的人之一。杨增新，祖籍江苏，出生于云南蒙自，自幼熟读四书五经，刻苦读书，清朝光绪十四年（1888 年）中举人，次年连捷进士，起初在京城担任小官吏，后至甘肃就任知县、知府、道尹、提学使等职官。杨增新的籍贯、经历对他后来的宦海生涯产生了很大影响，如他勤政用心，一部遗留至今的卷轶浩繁的杨增新从政日记——《补过斋文牍》就是证明，再如他在任期间前后重用的人多为云南人和甘肃人。

清光绪三十三年（1907 年），杨增新受到当时新疆藩司王树楠的举荐，经过时任新疆巡抚联魁奏调，以道员留新候补，任陆军学堂总办，督练公所参议官。杨增新蒙诏任职之前，曾受到慈禧太后和光绪的召见，杨增新"慨陈"其戍边大志，深得慈禧赏识，1907 年就任新疆阿克苏道尹。1911 年赴新就职时，正值辛亥革命爆发的前夕，当时的新疆巡抚袁大化对杨增新十分器重，将其调职省城并委以重任，就

职镇迪道兼提法使。

辛亥革命后，袁大化由于坚持保皇立场，不同意改巡抚为都督，同时解决财政无方，另外惧怕自己被会党所杀，以病体难支为由，电请解职，"急图东归"。袁大化一开始推荐当时就任喀什道尹的袁鸿佑，然而袁鸿佑被会党杀害，于是袁大化才推荐时任镇迪道兼提法使的杨增新为新疆都督兼布政使。袁世凯遵照袁大化的意见，于1912年5月18日改命杨增新为新疆都督。脱掉清朝五品官服的杨增新，摇身一变，穿上民国督军的礼服，登上统治新疆的权力宝座。

杨增新是一个特殊环境下形成的比较复杂的历史人物，无论为人处事，还是治新谋略，既同他的前任袁大化有别，又与其后继者如金树仁、盛世才等类相异。若从其从政能力来说，可谓乱世之枭雄，也是一位有作为的封疆大吏；如论其思想观念，他是一位带有浓重晚清遗老色彩的封建时代的守旧人物。

杨增新像

杨增新主政新疆17年，一直兼有军职，号称"杨将军"，实际上他基本上是一个文人，所以具有文武兼备的政客特点。例如他在处理伊犁党人时，先是从法理上解决了分治与合治的问题，以省议会成立后各方都可当选执政为由实现了合治，最终实际上篡夺了革命党人的权力；随之复以其委任得到北京政府认可为由主持全疆军政问题，实现了杨都督的合法化，之后，他又分化瓦解杀害伊犁党人，最终篡夺了辛亥革命的成果。

杨增新在边疆治理方面能够审

时度势，维护国家领土主权的完整，在他任职初期，新疆政局动荡不定，可谓"八面风云，危机四伏"，当时都督号令所及，"南不过吐鲁番，西不过精河"，不仅如此，此间中原内地军阀混战、局势动荡不定，所以，为了巩固自己的独裁统治，他对待民国政府奉行"问庙不问神主义"，显示出民国初期中国军阀政治的共有特点。因为杨增新深怕殃及边疆，造成社会的动荡，后来中原地区政局趋于稳定后，他对民国政府的态度已发生了很大转变。1938 年 6 月，北伐告成，杨增新即于 11 日、16 日两次通电表示拥戴国民政府，奉行"三民主义"并改组新疆省政府，一律改挂青天白日旗，同时派遣教育厅长刘文龙赴南京报告新疆情况，20 日新疆省政府成立，杨增新任主席。这表明杨增新对辛亥革命后国内外政局的研判和主政新疆期间的政治目标追求是非常清晰的，新疆特殊的区位特征使其不可能在天下大乱的背景之下独善其身，要保证新疆不落入外人之手，维持新疆的社会稳定，维护同中央的隶属关系，这样的结果无疑是其政治上的重要保障，杨增新对此心知肚明，例如 1914 年，杨增新致电北京政府将伊犁镇边使改为镇守使，使伊犁地区归属都督直辖；1919 年借平定阿尔泰兵变之机，将该地改区为道，属归新疆省。在极为复杂的国内外环境下杨增新维护了疆土的完整，他健全了省政府行政机构，增设了 5 个道署和若干县制，达到 8 道 59 县，完善和加强了各级政权机构建设，使新疆各地达到政令的高度统一，今天新疆的行政区划范围可以说就是那时形成的，这些施政举措有力地保证了国家主权和领土的完整，也使新疆地区维持了十多年的社会稳定局面。

为了维持其在新疆的政治统治，迫于当时新疆财政入不敷出的实际，杨增新在经济上进行了颇大改革。以前，自清朝乾隆年间统一新疆后，为了维持新疆的日常支出，减轻中央财政负担，清朝协调内地各省解调资金支持伊犁将军，名曰"协饷"，最初是每年 60 万两银子，到光绪增至 300 多万两。进入民国以后，除了北京政府与湖南解调为数不多的银两外，"协饷"基本断绝，这自然使新疆地区经济陷入空前的困境之中。鉴于此，杨增新依靠他多年的宦海经验，采取了开源节流的方针筹措资金，一方面整顿财政，增加税收，印刷钞票，另一方面裁汰军队和公职人员，压缩各项开支。经过杨增新的不懈努力，新疆财政状况有一定改善，然而一直到他死之前，财政窘迫的困境也没有解决，特别是他滥印钞票的行为也为后来币值地位下降、钞票贬值埋下了隐患。

杨增新采取各种手段笼络民族上层，妥善处理宗教事务，例如准许维吾尔、哈萨克、蒙古族中的王公贵族世袭其爵位，保留扎萨克制，以稳定其统治；宗教事务采取恩威并重，利用、限制、抚绥、压制等交替使用的方式，对伊斯兰教阿訇和毛拉在笼络利用（保留爵位和特权，政治上给予支持，经济上给以优厚待遇）的同时，严加管理，例如主张让教民"公举阿訇"，取缔"私立道堂"，严禁阿訇"在家聚徒念经"，禁止"另立教派"和"私立门户"等。为了防止泛伊斯兰教主义在新疆的蔓延和散播，杨增新禁止聘请土耳其等外国人在新疆充任教习和阿訇，限制朝觐人数和规模，"改良政治（官员不要鱼肉百姓）"以改善政教关系，加强世俗政治对社会政治事务的影响力。

在对外事务方面，杨增新奉行独立自主方针。一是妥善处理了俄国十月革命后俄国白卫军窜扰新疆的问题，1920年春夏之交，白卫军在红军的打击下窜至新疆北部地区（伊塔地区的是巴赤奇部，塔城地区的是阿连阔夫部），先后共有3万人左右，杨增新拒绝拉拢，坚持"不干涉主义"和严守中立的外交方针，根据新疆的区情实际，一方面阻挡入卡，调征人马保境保民，另一方面则对入卡的白军尽力周旋，平定其暴乱，1921年又无条件协助红军联合作战，将逃窜到阿尔泰山的白卫军歼灭，从而维护了国家的安全，使百姓免受重大损失。二是在维护国家主权的前提下，坚持平等互利的原则，积极开展与邻近的苏联和英国殖民地国家的外交活动与对外贸易，维护了国家的主权，发展了新疆地区的经济，例如，1920 年与苏联签订《伊犁临时局部通商条约》，根据对等原则，新疆与苏联互设五个领事馆。

说杨增新思想意识守旧，其热心"拥袁称帝"即是一例。民国时期袁世凯复辟帝制无疑是历史的一个倒退，杨增新在拥袁称帝的过程中充任了重要角色。早在 1915 年袁世凯御用推行帝制的机构——筹安会在各省活动劝进的时候，杨增新就积极响应拥袁称帝，指使他的弟弟杨增柄以"新疆参议会"的头衔，借助新疆各族王公贵族的名义电请袁世凯"从速登基"，同时他还依照北京总统政事堂的授意，积极为袁世凯称帝赶制"贡品"和"贡金"，于 12 月 12 日献给袁世凯。1916 年初袁世凯称帝前夕，为表示愚忠，杨增新亲率新疆文武官员到迪化万寿宫（即文庙）举行盛大朝贺仪式，并数次发电奏请"早日登基"。袁世凯登基称帝激起中国社会各界反对，孙中山和蔡锷等举兵讨伐，进行护国运动。护国总司令之一的唐继尧派人分赴各省进行联络，派往新疆的马一（字伦元）进疆后联络云南籍同乡中具有同样观点的夏鼎、李寅等中下级军政官员，他们原来打算利用同乡关系说服杨增新参与他们的反袁斗争，后来发现杨增新的顽固派本质，就准备推翻杨增新的军阀统治。然而，杨增新深藏不露，让手下人秘密调查革命党人的活动。一日，督署密探、副官谢文富获知夏鼎等人起义计划日期，前往督署告密。时逢杨增新与几位云南同乡在座谈事，杨增新佯装不信，并怒斥谢文富造谣生事，离间同乡关系，并导演一出苦肉计，枪毙了谢文富，以抚慰几位云南同乡。此后不久，1916 年2 月 16 日杨增新以庆贺元宵节为名，借宴请当时的教育部视察员刘章楹之机，邀云南籍同乡作陪，令卫兵杀死发动反袁称帝的夏鼎、李寅、马一等人，其他有关人员进行了撤职、遣回原籍等处理，随之又抚恤了被他亲自下令枪毙的谢文富，甚至亲撰祭文。此事过后，杨增新不再信任滇人，滇人也再无至者。3 月 22 日，袁世凯宣布取消帝制，废除洪宪，88 天的皇帝梦终于破灭。

作为深受中国传统儒学文化浸染的士大夫官僚，杨增新的主政方针源于其"天下定于一"的政治理念和思想，亦即他主张国家统一，积极抵御外来势力对新疆的干涉和侵占，治边方略上崇尚王道为主、霸道为辅的"霸王道杂之"的传统观念，这种治新思想和观念也决定了他对封建专制和民主共和本质的认识缺陷，表现出其在重大政治事件上的复杂立场和应对态度。杨增新始终认为，新疆地处边疆，经济社会文化落后于内地，该地稳定则是"桃园圣地"，乱时则极有分裂可能，所以思想上竭力推崇黄老哲学，倡言"小国寡民、无为而治"，他本人藉此作为主政信条贴在门上，"共和实草昧初开，羞称五霸七雄，纷争莫问中原事；边庭有桃园胜地，狙率南回北准，昏噩长为太古民"，杨增新的这些治边理念，在今天的人们看来有点不可思议，但应该给予其"同情"的理解。

杨增新饱读经书，对其所生活的新疆地区具有非常深厚的感情，这同样体现在他当时为乌鲁木齐"镇边楼"题写的一组七言绝句中：

出关何必望封侯，白发筹边几度秋。
四海无家归未得，看山一醉镇边楼。
居夷已惯不知愁，北准南回一望收。
却怪当年班定远，生还只为一身谋。
丈夫耻为一身谋，讥溺难忘禹稷忧。
力障狂澜三万里，莫教海水向西流。
虎斗龙争未肯休，风涛万里一孤舟。
但期四海澄清日，我亦躬耕学买牛。

杨增新诗中抒发了他作为深受中国传统思想文化熏染的士大夫"忧天下而忧"的家国情怀，给人留下深刻印象。但是，一个思想上保守，一心想让人民"昏噩长为太古民"的人，不管他具有多大的才干智慧，即便他运用他丰富的统治经验，妥善解决了一个又一个难题，并保证了社会一定程度的稳定，但正如一位学者所言，这种稳定"是一种在高压下类似食品罐头式封闭的稳定，使人窒息，又像一潭死水，发霉发臭"，所以这种状态与民国以后的社会变革风潮不相适宜，注定要遭到社会各界的不满和反对，并为历史所唾弃。

1928 年 7 月 7 日，杨增新出席新疆俄文法政学堂毕业典礼的宴会，留日学生、时任军务厅长兼外交署署长的樊耀南精心策划，指挥部下发动政变，并于宴席间击毙杨增新。杨增新主政新疆 17 年，最后兑现了他"吾当忠于新疆，终于新疆"的诺言。这场被称为"七七政变"的事件发生后，由于樊耀南等人起事仓促，又缺乏社会力量支持，所以，很快被杨增新的亲信金树仁带领军队镇压。随后，金树仁继任新疆都督，主政近五年期间，新疆各地内乱加剧，民生凋蔽，社会动乱进一步加深，这对于过分看中同乡关系理政的金树仁来讲，根本无法应对。坊间流传"早晨学会河州话，晚上就将洋刀挎"就是对金树仁用人能力的讥讽。

短命的"东突厥斯坦伊斯兰共和国"

1933 年，金树仁在外有哈密农民起义，内有反对势力围攻夹击下被迫出逃，并通电下野。一位在日本修学军事归来的留学生——盛世才经过曲折的权利争斗，最终接任都督，由此开始他扑朔迷离的长达 10 年之久的"新疆王"统治。

自民国初年开始，新疆政局就因为国内外局势的风云变化而动荡不定，民变频发，社会危机四伏。这一时期新疆政局的动荡，还表现在一些带有国外政治文化背景的民族分裂主义势力蠢蠢欲动，妄图乘乱实现他们分裂祖国的罪恶目的。此间以穆罕默德·伊敏为首的大突厥主义分子在英帝国主义策动下，乘机作乱，在南疆建立了

1931—1934年进疆征战的马仲英

一个短命的分裂政权。

根据有关文献记载，1933 年，在天山南部有两个分裂组织，一个是以和田为中心、以穆罕默德·伊敏和沙比提大毛拉为首，他们鼓吹泛突厥主义和泛伊斯兰主义，谋求建立一个伊斯兰教教权共和国，1933 年 2 月，他们纠众占领和田，宣告成立"和田伊斯兰政府"，自称和田王。另一个是以喀什为中心的分裂组织，借助当时还在北疆地区活动的霍加尼牙孜为首领虚张声势。1933 年 6 月，沙比提大毛拉及其同伙攻进喀什，这两个分裂组织同流合污，沆瀣一气，于 11 月 12 日在喀什炮制成立"东突厥斯坦伊斯兰共和国"，宣布了所谓施政纲领和"宪法"，任命了"总统"，沙比提大毛拉自任"总理"，而"总统"霍加尼牙孜此时还在外地。随后，他们还派人前往英属印度、阿富汗等地开展活动，寻求支持。虽然英国政府私底下偷偷提供资金，并且还在分裂政权建立次日就在《泰晤士报》上登刊此事推波助澜，但是无一个国家敢冒天下之大不韪而予以承认。

沙比提大毛拉等人的分裂活动破坏了国家统一，由于其逆历史潮流而动，违背各族人民的共同意愿，所以遭到各族人民的共同反对。不久，已登上新疆都督职位的盛世才借助苏联军队的支持，击溃了盘踞在北疆地区的对手马仲英，马仲英部众进入南疆地区，轻易地夺取了喀什城，沙比提大毛拉及其乌合之众仓皇逃离喀什，仅存在 86 天的"东突厥斯坦伊斯兰共和国"覆灭。沙比提大毛拉后来被俘，被押解至省城，不久死于狱中，而其他残部则在穆罕默德·伊敏带领下逃到克什米尔地区。

1933 年在天山南部成立的"东突厥斯坦伊斯兰共和国"虽然很快灭亡了，但是，以此为开端，泛突厥主义和泛伊斯兰主义作为一种分裂祖国、影响新疆社会稳定的反动思潮，在后来新疆社会的发展过程中，总是在国外敌对势力的授意支持下不断浮出水面，危害新疆的社会发展和安定局面。

根据《新疆的历史与发展》白皮书中揭露，"东突厥斯坦"一词，最初出现在中世纪阿拉伯地理学著作中，意为"突厥人地域"，指中亚锡尔河以北及毗连的东部地区，后来随着历史发展，其地理概念日益模糊。19 世纪初，俄国人首先使用这一名称，并将"突厥斯坦"东部的中国新疆塔里木盆地称之为"东突厥斯坦"或"中国突厥斯坦"。到了 20 世纪初以后，极少数新疆分裂分子和宗教极端分子将这个不规范的地理名称政治化，编造了一套所谓"东突厥斯坦独立"的思想理论体系，鼓吹"东突厥斯坦"自古以来就是一个独立的国家，否认中国各民族共同缔造伟大祖国的历史，企图将新疆从祖国大家庭中分裂出去。自此，各种试图分裂新疆的乌合之众都曾打着这个旗号蛊惑人心，煽动分裂，企图实现"东突厥斯坦"的妄想，但最终都是螳臂当车，落个分崩离析的可耻下场。

"盛督办"的新疆十年

盛世才是民国时期复杂动乱时代产生出来的一个政治"怪胎"，当时的中共高级领导人邓发称盛世才为"狼种猪"或"变色龙"，就是指他的善变多疑、忘恩负义的政客特征。盛世才曾经是联共（布）党员，后来则坚决反对苏联；他一度积极要求加入中共，但最终手上却留下中共党员的鲜血；他也杀过国民党人，却最终投入到国民党的怀抱。盛世才无疑是一个进入民国时期的新式封建军阀的典型。他的

盛世才像

一切所作所为实际上都是力图建立和巩固自己的"新疆王"统治。

盛世才担任都督之初，就利用苏联力图将新疆地区建成护卫本国东南缓冲战略屏障的需求，积极发展同西部苏联之间的联系，先后借助苏联的政治和军事支持击败了他的所有政敌对手，例如在盛世才的请求之下，苏联出兵打败了张培元，剿灭了马虎山和麻木提，逼迫马仲英流亡苏联。为了维持其政治统治，盛世才于 1934 年宣布"八项宣言""九项任务"，明确提出反帝亲苏的执政方针，并在 1936 年形成"反帝、亲苏、民平、清廉、和平、建设"的所谓"六大政策"。盛世才推出的这些理政方针顺应了当时国内外形势发展，并与中国共产党抗日民族统一战线政策相吻合，从而为盛世才同中国共产党建立统一战线打下了政治基础。

在此前后，苏联先后派遣 300 余位顾问专家到新疆帮助盛世才工作，后经双方协商，共产国际又向新疆派遣了一批以联共党员为身份的中国人到新疆工作，这批联共党员积极工作，如参加"新疆省民众反帝联合会（简称'反帝会'）"组织，出版刊物，举办训练班，发展教育和文化事业，对新疆的进步与发展作出了重大贡献。1937 年卢沟桥事变后，抗日战争全面爆发，中国共产党为了团结一切力量共同抗日，使新疆成为抗日战争可靠的后方基地，经过艰苦努力，同盛世才结成抗日民族统一战线。1937 年 10 月，盛世才同意中国共产党在迪化成立八路军办事处，滕代远任办事处主任，这标志着中国共产党与盛世才的统一战线正式建立。随后，党中央派遣了一百多位党员来

民国时期的县衙门，约建于1920-1930年之间。该建筑为一座单层平顶建筑，总面积554.4平方米，分作七开间。采用中间设走廊、两侧设办公室的平面布局。

疆工作，他们分布在盛世才政权组织的各个机构中，发动群众投入抗日运动，为发展新疆农牧业生产和巩固抗日后方、宣传马列主义和党的抗日方针政策、保证国际交通线畅通、发展新疆文化教育事业进行了大量积极有效的工作，扩大了中国共产党在新疆的政治影响和威望。

1941年德国法西斯发动侵苏战争，国际风云变幻，盛世才错误估计形势，公开与苏联、中共决裂。盛世才制造所谓"四一二阴谋暴动案"捕杀中共党员，残酷杀害陈潭秋、毛泽民、林基路等中共党员，公开抛弃"六大政策"，投向国民党蒋介石怀抱，导致新疆抗日民族统一战线彻底破裂，各族人民生活在水深火热之中，新疆沦入国民党反动统治之下。

盛世才生性多疑的"变色龙"政治特点以及他嗜血成性、杀人如麻（一说他十年统治，割下十万人头）的为政方式，应该说既有其社会方面的客观原因，更与他封建军阀的阶级本质分不开。盛世才野心勃勃，崇尚乱世英雄，他曾说"人不能做既不能令又不受命的绝物，

1928年的乌鲁木齐集市

要做事情就得能令"，即干事情一定要先有权，有权才"能令"。盛世
才的多疑性格迫使他始终处在整日惶恐不安的状态中，特别是他的两
位前任的下场更使他深信总有人要搞掉他，在其回忆录中，他直言不
讳地说道："前任的执政者杨增新和金树仁的命运，我是经常引以为
鉴的，杨增新被暗杀，金树仁仅以身免，我不得不为我的家庭和我本
人的安全设想，时刻提防"，因此，为了维护他个人的"新疆王"统
治地位，他六亲不认，对任何人都敢杀死，会动手杀任何人，没有什
么政党或者阶级信念，没有什么人民、大众的观念，只有他个人的利益，
盛世才主政时期的残暴统治也是导致后来新疆爆发"三区革命"的因
素之一。

八路军驻新疆办事处

在今天的乌鲁木齐市胜利路二巷 1 号，有一幢笼罩在树荫中的土木结构的青砖压檐砌腰的二层黄色楼房，它就是抗日战争时期的八路军驻新疆办事处所在地，1965 年 10 月 1 日被人民政府命名为"八路军驻新疆办事处纪念馆"。

"八路军驻新疆办事处"是抗日战争时期中国共产党在新疆的办事机构，它在指导新疆各族人民反抗日本法西斯的战争中发挥了重要作用。

1937 年 4 月，中国工农红军西路军一部在突破和粉碎国民党大军围追堵截后，克服途中艰难困苦，终于进入新疆境内。中共中央派陈云、滕代远等从苏联进入新疆迎接西路军余部，此被看作是中共在新疆建立抗日民族统一战线的开端。实际上，由于当时苏联同主政新疆的盛世才关系比较密切，所以，红军在抵达陕北后，就根据共产国际的指示，从抗日战争大局出发，已经派人主动同盛世才进行联络。

抗日战争时期（1937—1945）八路军设在新疆的办事处旧址

毛泽民、陈谭秋、林基路像

其间经过艰苦的斡旋，终于获得盛世才的允准，陈云代表中共在星星峡接应到西路军左支队400余名指战员，5月7日抵达迪化，最后安置在东门外营房，对外称"新兵营"。此事表明中共同盛世才之间统战关系的初步建立。

1937年"七七"卢沟桥事变，抗日战争全面爆发，中国共产党为了团结一切力量共同抗日，积极推动全国的抗日统一战线，随着国共第二次合作局面的出现，全国抗日民族统一战线局面得到很大发展。为了使新疆成为抗日战争可靠的后方基地，中共经过艰苦努力，同盛世才结成抗日民族统一战线。

1937年10月，盛世才同意中国共产党在迪化成立八路军办事处，滕代远任办事处主任，标志着中国共产党与盛世才的统一战线正式建立。1937年10月，中国共产党在迪化(今乌鲁木齐)成立八路军办事处，对外称"南梁第三招待所"，首任党代表是陈云同志。红军入疆以及八路军办事处的建立，标志着新疆抗日民族统一战线正式形成。

八路军驻新疆办事处的主要任务是扩大抗日民族统一战线，团结各族爱国人士进行抗日战争，维护祖国统一和领土完整，保持同苏联的物资与人员往来的通道，接待取道新疆来往苏联的中国共产党、红军干部和国际友人，筹集援助八路军的抗日物资。随后，陈潭秋、毛泽民、林基路等一百多位党员受中共派遣来疆工作，他们分布在天山南北各级政权组织中，积极宣传党的抗日方针政策，发动各族人民群众参加抗日活动，大力发展新疆农牧业生产和文化教育事业，为巩固抗日后方、保证国际交通线畅通进行了大量积极有效的工作。

随着新疆抗日民族统一战线的破裂，新疆沦入国民党反动统治之下，各族人民生活在水深火热之中，办事处也随之关闭。

"新疆号"战斗机运送抗日前线

抗日战争是中华民族抵御外辱的全民战争，新疆尽管位居祖国西北边陲，不是抗战的正面战场，但是依然在抗日民族统一战线的旗帜之下，各族人民全力以赴，有钱出钱，有力出力，以各种方式积极投身到全国的抗日战争中，充分展现了中华民族具有的不屈不挠、勇于牺牲的伟大的爱国主义精神。

"新疆号"命名仪式会场

抗战时期，在中国共产党人的积极努力下，新疆各族民众抗日热情高涨，新疆各地成立了各种类型的抗日救亡组织和团体，例如"新疆民众反帝联合会（简称'反帝会'）"，举行各种抗日募捐和宣传活动，以支援抗日战争，社会各界积极响应，各族民众踊跃捐款捐物，出现了很多感人肺腑的场面。迪化裕丰隆商号拍卖三天货物，货款全部捐作抗日经费。温宿县妇女阿提克汗，将丈夫生前遗留下来的 27 个元宝全部捐出。不少劳动者更是将自己从微薄的生活费中节省出来的钱捐出来，一位泥瓦匠在给募捐机构的信中这样写道："爱国有心，捐款无力，仅将今天给人下苦力所得省票 3500 两，捐 3000 两，留 500两买两个馕充饥"。温宿县西大庄维吾尔族农民巴海巴临终前嘱咐儿子沙海将他准备赴土耳其朝觐的 2500 银元，一半捐助前方抗日将士，一半留作家用。和田地区的维吾尔族农民艾沙，因家贫无力捐助，便将自己 18 岁的儿子玉素甫送往抗日前线，并称"倘不忠实抗战，宁可不见子面"。这些事迹足见新疆各族人民的抗日决心。

新疆著名的舞蹈艺术家康巴尔汗、达瓦孜（高空走绳）演员司迪克·阿西木等都自发地组织抗战义演募捐活动，充分表现了新疆各族同胞极大的爱国热情。据初步统计，仅从 1937 年 9 月至 1940 年 5 月，新疆各族民众共捐款 322 万余元。1939 年 8 月，新疆各族民众利用所捐 152 万余元（法币）购买了 10 架战斗机送往前线，命名"新疆号"，这些飞机参加了武汉保卫战。与此同时，又有 10 万封由新疆各族人民用各种文字写成的慰问信翻过千山万水送到抗日前线。新疆各族民众对抗日前线将士的支持所体现出来的对祖国前途命运的深切关注，极大地鼓舞了中国人民进行抗日战争的决心和勇气。

"三区革命"的来龙去脉

"三区革命"是在国内外形势影响下、在苏联的支持和进步知识分子领导下的新疆各族人民反对盛世才和国民党反动统治的民族解放运动。

所谓"三区"是指当时新疆的伊犁、塔城和阿勒泰三个地区。引发革命爆发的导火线是盛世才和国民党强迫人民的"献马运动"。盛世才和国民党政府对新疆各族民众的高压政策，以及当时苏联政府基于本国利益考虑进行的策动和支持应是革命爆发的最主要的原因。

盛世才主政时期，以所谓"平等、民主、自由"为标榜，实际上对新疆各族长期采用残酷压迫政策，相传他主政 10 年，杀人 10 万，这种高压政策使新疆各种社会矛盾蓄积待发。随着接任盛世才的国民党大员进疆，由于国民党得到英美的支持，遂使一直力图将新疆作为其战略屏障的苏联政府极为不满，他们利用新疆长期存在的纷繁复杂的民族、宗教矛盾，利用盛世才和国民党政府的不得人心，甚至不惜借用极端宗教势力，在新疆地区策动"三区革命"。

1943 年 3 月，国民党政府发布命令要求各族人民捐献一万匹军马，交不出马，则按高出市场价格一倍的马价交纳现金。1944 年 8 月，巩哈县(今尼勒克县)牧民首先发动了武装起义，他们占领了巩哈县城，由此拉开了三区革命的序幕。不久，游击队分兵几路攻占伊宁城，11 月 12 日，成立"东突厥斯坦共和国"临时政府，组成 16 人的临时政府委员，推举艾列汗·吐烈为政府主席。艾列汗·吐烈是一个狂热的泛伊斯兰主义者，所以，三区革命初期，临时政府领导权控制在宗教上层封建势力手中，只有到了阿合买提江、阿巴索夫等掌握领导权后才作了扭转。至 1945 年初，革命军打败了国民党增援部队，攻占了伊犁境内几个据点，整个伊犁地区均被游击队占领。同年 3 月，三区民族军正式成立。6 月初，在苏联军事顾问帮助下，民族军制定了向北线解放塔城、阿山两专区，向中线以精河为目标，进而向迪化挺进，南线至南疆开展游击战，牵制国民党军队的作战计划。在民族军的攻势下，至 9 月间，塔城、阿山区相继解放，北线、中线取得胜利成果。

民族军进抵玛纳斯河两岸，距迪化城仅 150 公里。与此同时，新疆其他七区相继爆发多次反对国民党的武装起义，南线作战民族军一度攻占拜城、温宿等城，一部分塔吉克族和柯尔克孜族组成游击队攻克蒲犁县（今塔什库尔干塔吉克自治县），并成立了革命政府。

　　1945 年 8 月 14 日，日本宣布无条件投降，八年抗战结束，同一天，《中苏友好同盟条约》在莫斯科签字。苏联政府出于本国边境安全考虑，愿意作为调停者，推动三区与国民党政府谈判，以此为条件，国民党政府承认外蒙古独立。随着抗战结束，国内外和平的呼声越来越强烈，蒋介石派遣张治中到新疆同三区革命政府进行和平谈判。所以，国内外局势和新疆形势的变化是导致"三区"与国民党进行和平谈判的基础。1945 年 10 月，以阿合买提江为首的三区革命政府的代表与国民党政府的代表在迪化举行和平谈判，经过三个月交锋，双方达成协议。

伊宁市烈士陵园纪念碑

翌年1月，双方代表签订11项和平条款，根据条款规定，改组新疆省政府，成立由三区代表、七区代表和国民党中央代表共同组成的新疆省联合政府，张治中任新疆省联合政府主席，阿合买提江、包尔汉任副主席，阿巴索夫任副秘书长。在新疆省联合政府成立的前夜，已执掌三区革命领导权的阿合买提江、阿巴索夫等取消了"东突厥斯坦共和国"的名称，改称为新疆伊犁专区政府，并纠正了三区革命初期的一系列错误，使革命走上正确轨道。另外，在联合政府成立的谈判过程中，国民党开明人士张治中先生发挥了积极的作用。

1946年，新疆的国民党政府当局不顾各族人民的坚决反对，阻挠和平条款的实施，迫害民主人士，向三区发动武装进攻，导致新疆省联合政府破裂，以阿合买提江为首的三区代表于1947年7月至8月间返回伊宁。国民党政府为了打压三区，从重庆请回老东突分子、积极反共的麦斯武德就任新疆省政府主席。新疆局势骤然紧张。但时间不长，后经张治中提议，改派包尔汉替换了麦斯武德的主席职位。

国民党的倒行逆施不仅没能挽救其灭亡的趋势，还加速了新疆和平解放的历史进程。

民心所向：新疆和平解放

新疆和平解放是中国共产党的正确领导和新疆各族各界人民共同努力的结果。

抗日战争胜利后，国民党反动派悍然发动内战，破坏和平，妄图消灭以中国共产党为代表的中国进步力量，维持其在中国的反动统治。但是，国民党的倒行逆施并不能阻挡中国人民推翻三座大山的历史步伐，仅仅在两年后，中国共产党就完成了从战略防御到战略反攻的转变。1949年，人民解放军已解放了全国大部分地区，国民党政权土崩瓦解。1949年秋，中共中央派遣邓力群到伊犁与三区革命政府联系，

邀请其派代表参加即将举行的中国人民政治协商会议第一次会议，三区革命政府踊跃响应，同时积极配合人民解放军解放新疆的各项准备工作。随后不久，中国人民解放军挺进西北，取得了解放兰州、西宁的胜利，直叩新疆大门。当时，国民党在新疆的近 10 万驻军，外有解放军重兵压境，内有"三区"民族军的威胁，孤立无援，进退维谷，内部发生了剧烈的分化，特别是以国民党新疆警备司令陶峙岳、新疆省政府主席包尔汉为代表的广大爱国官兵和政府人员，在中国共产党统一战线的感召下，向往和平，希望投向人民。

在解放大军压境的情况下，由于各方面爱国民主人士的积极工作，1949 年 9 月 25 日、26 日，陶峙岳、包尔汉分别通电起义，新疆宣告和平解放，一场严酷的战争得到避免，为新疆解放后人民政权巩固、经济建设和文化教育事业的发展提供了条件。接着，王震将军率领中国人民解放军第一野战军第一兵团进驻新疆。1949 年 10 月 1 日，新疆各族人民同全国人民一起，迎来了中华人民共和国的成立，中国的

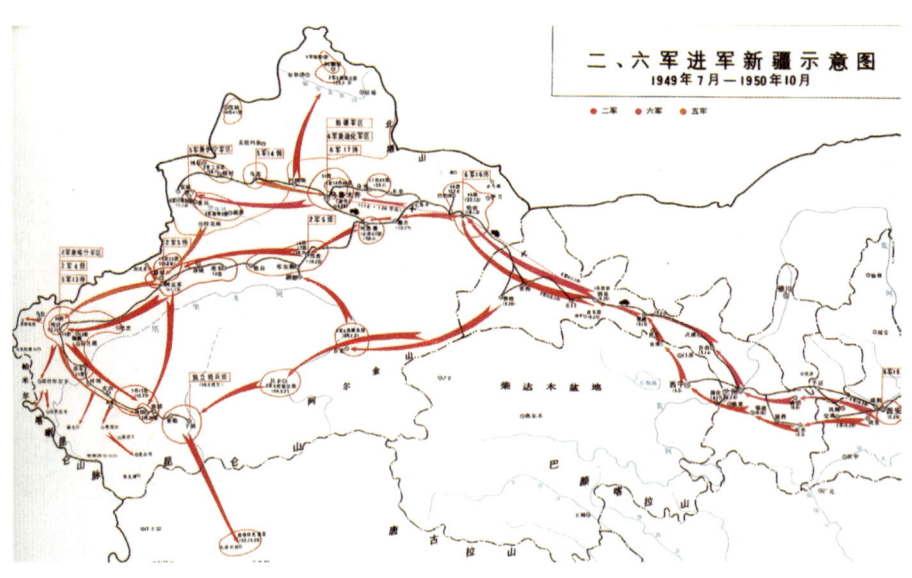

解放军进疆示意图

人民解放军进入迪化时受到各族民众的热情欢迎

历史，从此开辟了一个新时代。

　　新疆和平解放是中国近代史上的重要篇章，采用和平的而不是军事的形式来解决新疆的政治问题，不仅使一个政治经济极为脆弱的边疆多民族地区远离战火劫难，各族贫苦大众能够和平地走向光明，还有力地维护了新疆地区的边防安全和社会稳定，为解放后新疆的社会发展和进步奠定了坚实基础。

中国历史年代简表

旧石器时代	约 170 万年前—1 万年前
新石器时代	约 1 万年前—4000 年前
夏	约公元前 2070 年—公元前 1600 年
商	公元前 1600 年—公元前 1046 年
西周	公元前 1046 年—公元前 771 年
春秋	公元前 770 年—公元前 476 年
战国	公元前 475 年—公元前 221 年
秦	公元前 221 年—公元前 206 年
西汉	公元前 206 年—公元 25 年
东汉	公元 25 年—公元 220 年
三国	公元 220 年—公元 280 年
西晋	公元 265 年—公元 317 年
东晋	公元 317 年—公元 420 年
南北朝	公元 420 年—公元 589 年
隋	公元 581 年—公元 618 年
唐	公元 618 年—公元 907 年
五代	公元 907 年—公元 960 年
北宋	公元 960 年—公元 1127 年
南宋	公元 1127 年—公元 1279 年
元	公元 1206 年—公元 1368 年
明	公元 1368 年—公元 1644 年
清	公元 1616 年—公元 1911 年
中华民国	公元 1912 年—公元 1949
中华人民共和国	公元 1949 年成立